La Torche Mouvante

Ou

Torche Numéro 4

Rév. Renaut Pierre-Louis

Pour toutes informations regardant nos ouvrages et vos brochures évangéliques, adressez-vous à:

Peniel Southside Baptist Church
P.O. Box 100323
Fort Lauderdale, Fl 33310
Phone: 954-242-8271
954-525-2413
Fax: 954-623-7511
Website: www.penielbaptist.org
Website: www.theburningtorch.net
E-mail: renaut@theburningtorch.net
E-mail: renaut_cyrille@hotmail.com

Copyright © 2017 by Renaut Pierre-Louis
Tous droits réservés @ Rév. Renaut Pierre-Louis

Attention : Il est illégal de reproduire ce livre en tout ou en partie sous quelque forme ou par quelque procédé que ce soit, électronique mécanique, photographique, sonore, magnétique ou autre, sans avoir obtenu, au préalable, l'autorisation écrite de l'auteur.

Les ouvrages dans les trois langues française, anglaise et créole, sont aussi disponibles chez:

Michel Joseph:
192-21 118 Rd St Albans, N.Y. 11412
Phone: 917-853-6481   718-949-0015

Rév. Julio Brutus:
P.O. Box. 7612 Winter Haven, FL 33883
Phone: 863-299-3314   863-401-8449

Rev. Edouard Georcinvil
725 NE 179th Terr N. Miami Bch, FL 33162
Phone: 305-493-2125

Rév. Evans Jules:
Eglise Baptiste Bethel
5780 W. Atlantic Ave   Delray Beach Fl 33444
561- 498-2855   561-452-8273

Iliana Dieujuste
2432 Indian Bluff Dr Dacula, GA 30019
Phone: 954-773-6572

Christ Revient

Exergue

Cette série de leçons dessine les événements eschatologiques depuis la période apostolique dans son début à Jérusalem jusqu'à la période moderne. Elle a pour but de mettre en lumière les prophéties qui jalonnent le ministère de Jésus-Christ dans leurs rapports avec la fin des temps. Il est donc demandé d'urgence au pasteur de jeter un coup d'œil intelligent sur les leçons car il ne fait pas de doute que son expertise sera nécessaire à l'intendant de l'Ecole du Dimanche pour arbitrer certaines discussions théologiques ou même pour éclairer certains passages apparemment obscurs ou ambigus.

Veuille le Seigneur nous venir en aide !

Pasteur Renaut Pierre-Louis
Auteur

Leçon 1
Jésus Et La Promesse De Son Retour

Textes pour la préparation: Ex. 4:10-12; 7:1; Ps. 34:8; Mat. 1:21; 18:20; 20:28; Lu. 21:14-15; 16 :22; 24:37-39; Jn. 8:44; 14:3-6, 16, 17; 16:3; Ac. 2:1-4; 4:19-20; 5:41; 7:56; 13:2; 15:28; 16:26; 20:28
Texte pour la classe: Jn. 14:1-6
Texte d'or: Jn. 14:3
Méthodes: Discours, comparaisons, questions
But: Démontrer la présence contante de Christ parmi nous jusqu' à son retour.

Introduction
La déclaration de Jésus aux disciples était claire : « Je m'en vais, Je reviendrai ». Qu'est-ce qui peut nous faire croire à cette promesse?

I. **C'est parce que Jésus est la Vérité.** Jn. 14:6
   Il est allé nous réserver une place. Jn. 14:3

II. **Le Saint-Esprit confime notre réservation**
    Jn.14:16-17; Ac.2:1-4; Ro. 8:9

III. **Jésus est l'*Emmanuel*** c'est-à-dire « Dieu avec nous ». Mat. 1:21
   1- Dans nos prières. Il se tient au milieu de nous. Mat. 18:20
   2- Dans nos activités missionnaires, Il nous précède. Mat. 20:28
   3- Au tribunal, Il se tient au-dedans de nous. Ex. 4:10-12; 7:1; Lu. 21:14-15
   4- Au moment du danger, Il renverse tout pour nous délivrer. Ps. 34:8; Ac. 16: 25-26

5- Au jour du grand voyage, il enverra ses anges nous chercher tandis qu'Il se tient à la porte du ciel pour nous recevoir. Lu.16:22; Ac.7:56

IV. **Preuves concrètes de cette présence pour toujours**

1. Immédiatement après sa résurrection, Il est apparu :
   a. Aux disciples du village d'Emmaüs. Lu. 24:13-15
   b. Aux apôtres à Jérusalem. Lu. 24:33-39
2. A l'Eglise naissante :
   Le Saint Esprit opère comme :
   a. Administrateur. Il établit des missionnaires et des pasteurs. Ac. 13:2; 20:28
   b. Conseiller. Ac. 15:28
   c. Professeur substitut. Jn. 16:13
3. Dans les actes de courage manifestés par ces mêmes apôtres :
   Rempli du Saint-Esprit, Pierre avait le courage pour subir des outrages pour le nom de Christ. Ac. 4:19-20; 5:41
4. Dans des miracles extraordinaires accomplis par la main des apôtres. Ac. 2:43

Conclusion

Etant dotés des mêmes pouvoirs, travaillons donc sans relâche car son retour est aussi certaine que sa récompense.

Questions

1. Quelle était la promesse de Christ aux disciples? Il reviendra

2. Que fait-Il pour la confirmer?
   Il leur envoie le Saint Esprit

3. Que veut dire Emmanuel? Dieu avec nous

4. Comment concevoir l'idée d'Emmanuel?
   Dans la vie des croyants et dans l'église

5. Donnez une preuve de sa présence.
   La rencontre de Christ avec les disciples d'Emmaüs

6. Comment le St Esprit opère-t-il dans l'Eglise primitive?
   Il opère comme administrateur, conseiller et professeur

7. Qui opère les miracles ?
   Le Saint Esprit dans les apôtres.

Leçon 2
L'Etablissement De L'Eglise

Textes pour la préparation: Es. 42:4; Mat. 16:18; Ac. 1:3-5, 8; 2:41; 8:5, 12, 17, 27, 31; 14:21-23; 20: 31; Ro. 11:25; 12:4-6
Texte pour la classe: Ac. 1:3-5, 8
Texte d'or: Mat. 16:18
Méthodes: Discours, comparaisons, questions
But: Montrer le rôle de l'église dans le retour de Jésus-Christ.

Introduction
Entre le "Je m'en vais" et le "Je reviendrai", il s'etablit la mission de l'Eglise". Voyons comment elle la remplit.

I. **La conception de l'Eglise**
   1. Elle est bâtie avec le sang de Jésus-Christ. Mat. 16:18; Ac. 20:28
   2. Elle est maintenue par la puissance de l'Esprit. Ac. 1:3-5, 8.

II. *Son inauguration à Jérusalem*
   1. Elle est née à la Pentecôte quand le Saint Esprit descendit visiblement et distinctement sur chaque apôtre. Ac. 2:1-3
   2. Dans sa première opération, 3000 âmes furent sauvées. Ac. 2:41
      Et depuis il opère suivant le don qu'il a accordé à chacun. Ro. 12:4-6; Ep. 4:11-12

III. **Son accroissement**
   1. Ces 3000 âmes converties étaient des pèlerins de part le monde. De retour chez eux, ils répandirent la Parole. Ac. 2:5, 41

2. *A Samarie*, Philippe prêchait l'évangile. Sur la route de Gaza, il gagna à Christ l'eunuque Ethiopien, probablement le futur missionnaire pour son pays. Ac. 8:5-7, 26-30, 36-39.
3. *En Asie mineure.* Paul fonda des églises à Lystre, à Icône et à Antioche de Pisidie. Ac. 14:21-23
4. *Dans les pays de la Grèce.*
   a- Pendant 18 mois, Paul était pasteur à Corinthe. Ac 18:11; 1 Co. 5:1, 9-10
   b- Puis il desservait l'Eglise d'Ephèse pendant trois ans. Ac. 20:31
   c. Il devait enfin témoigner pour Christ devant le roi Agrippa, puis à Rome. Ac. 26:1-2
5. L'Evangile a atteint les extrémités de la terre, suivant la prophétie d'Esaie. Jésus n'attend que le salut du reste des païens pour revenir. Es. 42:4; Ro. 11:25

Conclusion
Craignez Dieu et non la persécution humaine. La croix doit rester debout. Prêchez !

Questions

1. Avec quoi Jésus a- t-il bâti Son église?
   Avec Son Sang

2. Combien de jours avait duré le séminaire de recyclage des disciples? Quarante jours

3. Qui a commencé la dispensation de l'Eglise?
   Le Saint Esprit

4. Quand l'Eglise est-elle née?
   Le jour de la Pentecôte

5. Pendant combien de temps Paul a-t-il dirigé l'église de Corinthe? Dix-huit mois

6. Citez les lieux où Paul a implanté des églises.
   A Lystre, à Icône et à Antioche.

Leçon 3
L'église Et Les Effets Des Persécutions

Textes pour la préparation: Ac. chap. 4 à Chap. 9:1-1-43; 12:1-3
Texte pour la classe: Ac. 4:13-22
Texte d'or: Jn.16 :33b
Méthodes: Discours, comparaisons, questions
But: Nous renseigner sur la croissance de l'église à la faveur des persécutions.

Introduction
Savez-vous que cinq persécutions contribuaient à mobiliser les apôtres en vue de l'établissement de l'église?

I. Première Persécution
La conversion de 5000 âmes à la suite du message de Pierre et de la guérison d'un boiteux, a créé des mécontents. **Résultats:**
1. Pierre et Jean furent jugés et jetés en prison pour avoir accompli des miracles au nom de Jésus. Ac. 4: 3, 9
2. Le nom de Jésus fut banni et interdit par les autorités locales. 4:18
3. Pierre et Jean désobéirent aux autorités pour obéir à Dieu. Ac. 4:19-20
4. Le Saint Esprit ratifia leur désobéissance. Ac. 4:31
5. Une grande crainte s'empara de tous les chrétiens. Act. 5:11
6. La foi augmenta. Les miracles et les conversions se multiplièrent. Ac. 5:12-15

II. Deuxième persécution

Les sacrificateurs jaloux du pouvoir des apôtres les emprisonnèrent à nouveau prison dans l'espoir d'étouffer la Parole.

Résultats:
1. Le Saint Esprit ouvre la prison et libère les apôtres et la Parole en même temps. Ac. 5:18-21
2. Au tribunal, les disciples furent blâmés pour avoir couvert Jérusalem de leurs enseignements. Ac. 5:28
3. Ils se réjouirent d'avoir été battus pour le beau nom de Jésus-Christ. Ac. 5:40-41
4. Des conversions massives chez les païens les obligèrent à établir aussi une œuvre sociale. (Aide alimentaire, Coupons). Bientôt ce sera notre tour en y ajoutant AFDC, SSI, SSD, Forage de puits, Clinique mobile). Ac. 6:1-3

III. Troisième persécution

Le diacre Etienne prêcha aux juges du tribunal (Sanhédrin). Ac. 7: 51-53.

Résultats:
1. Il mourut lapidé paar des Juifs bigots. Ac. 7:59
2. Etienne vit Jésus debout à l'attendre à la porte du Ciel. Ac. 7:56
   Saul de Tarse fut le *major-jonc* dans cette opération de « *déchoucage* ». Ac. 7:58; 8:1

IV. Quatrième persécution

1. Saul de Tarse, ravageait l'église, arrêtait les chrétiens chez eux et les faisait jeter en prison. Ac. 8:3

2. Il les poursuivait jusqu'en Syrie. Ac. 9:1-2.

Résultats:
1- Les chrétiens laissèrent la ville pour aller et prêcher. Ac. 8:4
2- A Samarie, le Saint Esprit opérait des miracles par Philippe, Pierre et Jean. Ac. 8:5-8, 13
3- L'eunuque Ethiopien fut converti et baptisé. Ac. 8:27, 37-38
4- Enfin Saul se donna au Seigneur. Ac. 9:18-20

V. **Cinquième persécution**
1. Hérode maltraita des membres de l'église. Ac. 12:1-3
2. Il fit assassiner Jacques et emprisonner Pierre. Ac. 12:2.

Résultats:
1- L'église priait et Dieu envoyait son ange pour délivrer Pierre. Ac. 12:7
2- Hérode mourut rongé par des vers. Ac. 12:23

Conclusion
Vous aurez des tribulations dans le monde. Restez ferme!

Questions

1. Quelles étaient les causes de la première persécution ?
   a. La guérison d'un boiteux de naissance
   b. La conversion de 3000 juifs.
2. Quels en étaient les résultats ?
   a. Pierre et Jean furent jetés en prison.
   b. On leur interdit de prêcher au nom de Jésus.

      c. Le nombre de conversions s'augmenta jusqu'à 5000 âmes.
3. Quelles furent les causes de la deuxième persécution ?
      a. La jalousie des sacrificateurs à cause des miracles opérés par les apôtres
      b. Les apôtres étaient joyeux d'avoir souffert au nom de Jésus.
4. Quels en furent les résultats ?
      a. Le Saint Esprit les libère de la prison.
      b. Beaucoup plus de conversions sont enregistrées.
5. Quelle fut la cause de la troisième persécution ?
Le message du diacre Etienne aux leaders juifs
6. Quel en fut le résultat ?
Etienne fut lapidé. Il vit Jésus debout à la porte du ciel pour le recevoir.
7. Comment se manifestait la quatrième persécution?
Saul de Tarse entrait dans les maisons pour arrêter les nouveaux convertis.
7. Quels en étaient les résultats ?
      a. Les chrétiens laissèrent la ville pour aller et prêcher.
      b. A Samarie, le Saint Esprit opérait des miracles par Philippe, Pierre et Jean.
      c. L'eunuque Ethiopien fut converti et baptisé.
      d. Saul, le «déchouqueur» fut aussi converti.
8. Donnez une description de la cinquième persécution.
      a. Hérode persécutaient les chrétiens. Il fit tuer Jacques et emprisonner Pierre.
      b. L'église priait et Dieu envoya son ange pour délivrer Pierre.
      c. Hérode mourut rongé des vers.

Leçon 4
Les signes de son retour manifestés dans le monde

Textes pour la préparation: Ro. 1:25-27; 1 Ti. 6:9-10; 2 Ti. 3:1-6; 4:10
Texte pour la classe: 2 Ti. 3:1-6
Texte d'or: 1Pi.4 :17
Méthodes: Discours, comparaisons, questions
But: Mettre les chrétiens en garde contre la vague d'immoralité dans ce monde.

Introduction
Savez-vous que les cinq grandes causes de la décadence de Rome réapparaissent chez nous maintenant?

I. **Causes de la décadence de Rome**
   1. *L'irréligion:* Les églises étaient désertées, tandis que les maisons de prostitution, les plages et les centres sportifs étaient bondés de monde.
   2. *La superstition:* Les gens recherchaient le surnaturel.
   3. *Le sport:* Le sport brutal était tellement à la mode que Démas, le secrétaire de Paul en était séduit. 2Ti.4:10.
   4. *La déliquence juvénile.* Cet état d'esprit était developpé à la faveur des voyages et de la vie scolaire non surveillée.
   5. *Le sexe:* Pendant douze siècles les Romains se livrèrent à la perversion sexuelle avec les femmes des Visigoths vaincus. Mais Dieu exerça son jugement sur Rome par l'épidémie et la famine au cinquième siècle. C'est alors

que trois millions de Romains périrent sous la main de quatre-vingts mille Visigoths."

II. **Les enfants de ce siècle face à la même ruine**
   1. *La plupart des églises sont vidées.* La musique religieuse est mondanisée avec le compas, le roc'and'roll. Les faux bergers se multiplient. La prière est interdite dans les écoles.
   2. **Le sport, la science, la politique**, la musique ont tous leurs dieux qui parlent, marchent et mangent. 2 Ti. 3:4
   3. *La superstition* bat son plein:
      Ex. 32:1; De. 18:9-14
   4. *Le sexe.* Les homosexuels et les lesbiennes ont maintenant le droit de se marier et d'adopter des enfants.
   5. *La délinquance juvénile* génère les prisons et entraine la violence et le trouble dans beaucoup de foyers.

Conclusion
Ne vous fâchez pas si Dieu se fâche! Il est temps de vous repentir. Voilà!

Questions

1. Citez les 5 grandes causes de la décadence de l'Empire Romain.
   L'irréligion, la superstition, le sport, le sexe, la délinquance juvénile

2. Citez trois dieux de ce siècle.
   Le sexe, le sport, l'argent

3. Que conseiller aux enfants de ce siècle?
   De se repentir

4. Quels genres de musique entrent dans notre adoration ?
   Le compas, le diaz, le Rock and Roll

5. Qui aujourd'hui a le droit d'adopter des enfants ?
   Les homosexuels, les lesbiennes

Leçon 5
Les Signes De Son Retour Dans l'Eglise

Textes pour la préparation: Es. 3:16; Mat. 21:12-13; 24:9-14; 28:20; Lu. 22:35-36; Jn. 6:9-11; Ac. 2:37; 1 Co. 1:22-25; 6:4
Texte pour la classe: Mat. 24:9-14
Texte d'or: 2Pi.3 :17
Méthodes: Discours, comparaisons, questions
But: Réveillez les chrétiens du sommeil de leur indifférence

Introduction
Au moment où le retour de Jésus-Christ est imminent, l'Eglise s'endort! Comment?

I. Par son indifférence
1. Le ministère de l'exhortation est négligé. Pr.11 :14 ; 29 :18
2. L'église est devenue le lieu de tous les rendez-vous (affaires, amour, blague, politique, complot...) Une caverne de voleurs, dit Jésus. Mat. 21:12-13 ; Jn.2 :16
3. Beaucoup de chrétiens son infidèles dans leurs dîmes et leurs offrandes. Mal. 3 :8
4. Les gens divorcés et remariés ont droit d'officier à l'Eglise à cause de leur influence.
   1Co. 6:4 Pierre n'est plus là pour leur dire "Périsse ton argent avec toi". Ac. 8:20
5. Les chants d'animation réveillent la chair et éloignent l'Esprit. Amos.5 : 23-24 ; Ac. 2:37

II. Par l'impuissance de sa foi
1. On a la foi dans les comptes en banque, mais pas assez de foi pour dire: «Lève-toi et marche». Ac. 3:6
2. L'Eglise grossit par «d'Eglisation » et non par l'Evangélisation ». Mat. 28:20

III. Par le refroidissement de l'amour
1. Les bons samaritains se font rares. D'autres croient que le trésor de l'église est une caisse populaire. Lu. 22:35-36; Jn. 6:9-11
2. Les services de prières et d'Etude biblique sont négligés.
3. L'église croit aux miracles au mépris du message qui sauve. 1 Co.1:22-25

IV. Conséquences
1. Satan entre dans l'église, se fait pasteur et les chrétiens ne le voient même pas. 2 Th. 2:8-12
2. Il fait des prodiges pour séduire s'il était possible, les élus. Mat. 24:24

Conclusion
Vous donc qui êtes avertis, ouvrez les yeux. Ce n'est plus le temps de garder le silence !

Questions

1. Citez les trois signes du retour de Christ manifestés dans l'église.
   L'indifférence de l'Eglise, l'impuissance de la foi, le refroidissement de l'amour.

2. Expliquez la démission de l'eglise.
   L'Eglise néglige le ministère de l'exhortation. La crainte de Dieu est diminuée. Le formalisme religieux est très développé.

3. Expliquez l'impuissance de la foi dans l'Eglise.
   On croit en tout ce qu'on peut calculer et prouver.

4. Expliquez le refroidissement de l'amour dans l'Eglise.
   C'est le « chacun pour soi, Dieu pour tous ».

5. Quelles en sont les conséquences?
   Satan développe tous les moyens de séduction au moment où l'église s'endort.

Leçon 6
Les guerres mondiales et le rassemblement d'Israël

Textes pour la préparation: Es. 29:17; 60:12; 66:7-8; Ez. 20:33-34; 37; Mat. 24:32-34; Ap. 12:12
Texte pour la classe: Ez. 28:25-26
Texte d'or: Ez. 28:25
Méthodes: Discours, comparaisons, questions
But: Porter les chrétiens à découvrir les signes des temps dans les médias.

Introduction
Que celui qui lit fasse attention! dit Jésus. Pour votre édification, faisons un peu d'histoire.

I. D'abord voyons les guerres entre les nations
Depuis le 1er siècle, on compte 136 années de paix contre 1881 années de guerre dont les plus meurtrières:
1. La première guerre mondiale: 1914-1918. Bilan 37,494.186 morts
2. La deuxième guerre mondiale: 1939-1945: Bilan 133,145.000 morts
3. Entre temps, Israël dispersé depuis l'année 70 A.C. est devenu une vallée d'ossements que Dieu va rassembler d'après la prophétie d'Ezéchiel. Ez. 37 :1,11-14

II. Voyons-en les détails.
Israël était captif dans l'Union Soviétique. Dieu a ruiné ce pays le **25 Décembre 1989** pour libérer Israël.

Moyens:
1. Une sécheresse en 1981 qui lui coûta une perte de 40 billions de dollars.
2. L'explosion de la centrale nucléaire de Tchernobyl (Ukraine le 25 avril 1986,) Bilan des dégats matériels : 28 billions de dollars.
3. Le tremblement de terre en Arménie le 7 décembre 1988. Bilan des pertes : 35 billions de dollars.
4. Et maintenant, avec 500,000 Bibles distribuées en Russie par l'Alliance Biblique Universelle en 1989, Dieu a défoncé les portes de l'enfer soviétique. Et comme résultats finals:

A. Au point de vue politique
   1. C'est la chute libre de l'économie Russe. Ez. 38:22
   2. C'est la démolition de la statue de Lénine le 25 Dec. 1989 et des murs de Berlin le 3 Octobre 1990. C'est la fin de l'Union Soviétique. Prophétie accomplie dans Ez. 38:22-23

B. Au point de vue prophétique
   La vallée d'ossements reprend vie. Israël est devenu une nation le 14 Mai 1948. Le figuier de Mat. 24:32-34 bourgeonne.
   Es. 66:6-8; Ez.20:33-34; 28:25-26; 37:11-14.

Conclusion

Bien-aimés, lisez les journaux, suivez la télé, écoutez la radio! Faites attention, Jésus vient!

Questions

1. Donnez l'année de la dispersion d'Israël.
   Année 70 après Jésus-Christ

2. A quoi Dieu compare-t-Il le peuple dispersé?
   A une vallée d'ossements.

3. Que représentent les sépulcres où Israël était enterré?
   L'Union Soviétique, l'Arménie, l'Allemagne

4. Quand fut prononcé l'acte de l'indépendance d'Israël? Le 14 Mai 1948

5. Quand fut détruite l'Union Soviétique?
   Le 25 Dec. 1989

Leçon 7
Les signes des temps exprimés dans le monde cosmique

Textes pour la préparation: Mat. 24:1- 51; Lu. 21:8-38
Texte pour la classe: Lu. 21:11, 25-28
Texte d'or: Lu. 21:11
Méthodes: Histoire, comparaisons, questions
But: Réveiller votre attention sur les événements cosmiques à la fin des temps.

Introduction
Il n'y a jamais eu une période plus fertile en signes des temps que le vingtième siècle. Levons donc les yeux et regardons!

I. Vers le ciel
1. UFO (*English: Unidentified Flying Object*). En Français, OVNI (**O**bjets **V**olants **N**on **I**dentifies) sont les prétendus habitants de Mars en visites fréquentes sur notre planète.)
2. Le soleil devient plus près de l'axe de la Terre. **Conséquences**: Des éclipses, beaucoup plus de volcans, de tremblements de terre et des cyclones dévastateurs.
3. Une pierre de 1600 mètres de diamètre s'est détachée de Mars le 11 Mai 1998. Elle passera à 600 milles de la planète terre le 30 Octobre 2028.
4. Les satellites pour gérer la communication à travers le monde.
5. Les voyages interplanétaires sont autant de signes dans le ciel.

II. **Sur la terre, nous avons :**
 1. La famine (1984, sécheresse et famine en Ethiope. Bilan : un million de morts)
 2. Les cyclones (Andrews (1992,) Katrina (2004), Wilma (2005), pour ne citer qu'eux, firent des milliers de morts.
 3. Les tornades, très fréquentes aux Etats-Unis d'Amérique.
 4. Les tremblements de Terre (1976, en Chine, 240,000 morts. 1990 en Iran, 36,000 morts). 12 Janvier 2010 en Haiti, 300,000 morts
 5. Les volcans en éruption (1982, au Mexique, 3,500 morts. 1985, en Colombie, 22,000 morts. 1991,
 6. Les inondations (1991, Chine centrale, 2000 morts). (26 décembre 2004 le tsunami en Inde 280,000 morts.) Celui du 11 mars 2011 au Japon a fait plus de 17,000 morts.

Conclusion
Finissons avec l'espace et regardons dans notre conscience pour voir si chaque jour nous sommes plus justes ou plus souillés. C'est l'un des signes des temps. Ap. 22:11

Questions
1. Citez 4 signes des temps dans le ciel.
 UFO, Stations orbitales, les vaisseaux spatiaux,

2. Citez 4 signes des temps sur la terre.
 La famine, les cyclones, les tremblements de terre, les volcans tous plus dramatiques qu'autrefois.

3. Que veut dire ciel dans la leçon?
 Espace, le monde cosmique

Leçon 8
L'Antéchrist

Textes pour la préparation: Lev. 19:13; De. 18:9-14; Mat. 24:4-5, 23-26; 1 Cor. 1:24-25; 2 Thes. 2:1-12; 1 Jn. 2:18-23
Texte pour la classe: Mat. 24:4-5; 23-26
Texte d'or: Mat.24 :24
Méthodes: Discours, comparaisons, questions
But: Mettre les chrétiens en garde contre les faux christs.

Introduction
Nous vivons acutuellement une période de faux-christs, de faux leaders et de faux chrétiens au point que la foi des chrétiens est troublée.

I. C'est la période d l'antéchrist. Qui est-il ?
1. C'est quelqu'un qui viendra avant l'enlèvement de l'église pour forcer les gens à croire en lui. Mat. 24:24 ; 1 Jn. 2:18
2. Tous ceux-là qui n'ont pas cru à la Vérité pour être sauvés croiront en lui. 2 Th. 2:11-12. Dans cette catégorie nous citons:
   a. Jim Jones. Il prétendait être une réincarnation de Jésus Christ et de Lénine. Le 18 Novembre 1978, à Jonestown en Californie, Jim porta sa secte de 908 adeptes à un suicide collectif. C'était, d'après lui, le meilleur moyen de les envoyer au ciel.
   b. David Koresh, Vernon de son vrai nom, prétendait être une réincarnation du roi David et du roi Cyrus le Perse. Il en fit autant avec un contingent de 86 personnes à Waco, au

Texas. Tous périrent incendiés le 19 Avril 1993.

II. Autres apects de l'antéchrist

Quelqu'un qui se déclare contre Christ par ses paroles ou ses actes. Dans cette catégorie nous citons:

1- Mahomet : Il ne reconnaît pas Christ comme Dieu et se dit prophète de Dieu.
2- Karl Marx, un protestant : Il renia Christ et devint l'auteur du Marxisme qui tortura le Christianisme pendant plus d'un demi siècle.
3- Jose Luis de Jesus Miranda à Miami se déclare Dieu et marque ses adeptes avec le sceau 666. Informez-vous à l'U-tube : https://youtube/I15wsrNBxbI

III. Différents connotations pour l'antéchrist

1. **Le mystère de l'iniquité**: Appelé ainsi parce qu'il faut du temps pour découvrir qu'il s'agit de faux messies. 2 Th. 2:7
2. L'impie. 2 Th. 2:9-10
3. **L'adversaire de Dieu**. Il prend même la place de Dieu dans l'Eglise. 2 Th. 2:4
4. **Le fils de perdition**, très actif dans l'église qu'il persécute. 2 Th. 2:3

IV. Actions de l'antéchrist.

Lé. 19:31; De. 18:9-14; 2 Th. 2:9-10

1. La prohibition de la prière dans les lieux publics depuis l'année 1962. Et depuis, Satan déploie ses armes: le feu, le viol, l'assassinat et le suicide collectif.
2. Les miracles de guérison par des méthodes douteuses. C'est l'évangile des perdus.

Conclusion

Eprouvez les esprits pour savoir s'ils viennent de Dieu. 1 Jn. 4:1

Questions

1. Que veut dire antéchrist?
    a. Un mauvais esprit qui se manifestera dans le monde avant le retour de Christ
    b. Un esprit qui se tient contre Christ

2. Donnez 3 noms pour antéchrist.
    L'impie, l'adversaire de Dieu, les fils de perdition

3. Citez 3 incarnations de l'antéchrist.
    Jim Jones, David Koresh, Mahomet.

4. Comment se manifeste l'esprit de l'antéchrist ?
    a. La promesse de bonheur sur terre.
    b. La prohibition de prières dans les écoles.
    c. Le développement de l'immoralité sexuelle.
    d. Les miracles de guérison douteuse.

Leçon 9
Monsieur 666

Textes pour la préparation: Da.7:24-26; Mat. 24:15; Ap. 13:17
Texte pour la classe: Ap. 13:11-18
Texte d'or: Ap. 13:18
Méthodes: Histoire, comparaisons, questions
But: Ouvrir les yeux des chrétiens sur les subtilités eschatologiques.

Introduction
Nous voici en face d'un grand destructeur de la foi chrétienne. Qui est-il?

I. C'est Monsieur 666
En 778 A.D., le pape Pie X le confirme dans son document appelé "Donation de Constantin" en se déclarant Vicaire du Fils de Dieu; en latin: <u>Vicarius Filii Dei</u>, avec une autorité supérieure à l'autorité impériale. Déchiffrons-le:

V I C A R I U S   F I L I I   D E I
5 1 100   1 5   1 50 1 1   500   1
Total= 666

II. Son adresse
C'est le Vatican, Siège de l'autorité pontificale et capitale de l'Eglise Romaine. Il est bâti sur sept collines. Ap. 17:9-12

III. Son autorité.
   Elle est comprise dans un système mondial
   1. Les dix cornes sont dix rois de l'Ancien Empire Romain. C'est maintenant le Marché Commun Européen formée d' une coalition

de 10 pays de l'Europe, savoir : L'Angleterre, la France, l'Espagne, la Pologne, la Tchécoslovaquie, la Bulgarie, l'Italie, les Pays-Bas, la Grèce et la Roumanie. Ils conféreront leur autorité à la bête, symbole de l'autorité papale. Ap. 17:12-13

2. Ils s'imposeront par une monnaie indispensable pour toutes transactions. Elle est déjà en vigueur en Europe. Cf. Journal Sun Sentinel. 17 Juin 1997, 26 Mars 1998. Ap. 13:17

L'Apocalypse est un livre symbolique. Si 666 n'est pas une figure du pape, ce doit être un système mondial qui incarnera une autorité draconienne devant laquelle même les superpuissances actuelles devront fléchir. Que celui qui peut comprendre comprenne !

IV. **Sa durée. Combien de temps va durer son autorité?**
1. Son système mondial durera 3 ans et demi ou 1260 jours. La bête sera admirée; elle inspirera de la crainte et fera la guerre aux chrétiens. Ap. 13:5-8

Conclusion

Que celui qui lit fasse attention! Mat. 24:15

Questions

1. Qui est monsieur 666?
   Un homme ou un système mondial.

2. D'ou lui viendra ce nom?
   De son autorité acquise des 10 rois.

3. Que représente la bête à dix cornes?
   Les pays membres du Marché Commun Européen

4. Qui étaient-ils auparavant ?
   Les rois de l'Ancien Empire Romain d'Occident

5. Citez-les
   L'Angleterre, la France, l'Espagne, la Pologne, la Tchécoslovaquie, la Bulgarie, l'Italie, les Pays Bas, La Grèce et la Roumanie.

6. Combien de temps durera le système de Mr. 666?
   1260 jours

7. Que nous en dit Jésus?
   Lisez avec beaucoup d'attention

Leçon 10
L'Enlèvement De L'Eglise

Textes pour la préparation: Es. 13:9-13; 34:1-5; Ez. 38:1-16; 39:4; Mt. 24; 25:1-13; Jn. 5:25-29; 11:25; Act. 13:48; Ro. 11:25; 1 Cor. 15 :26a; Col. 3 :3; 1 Th. 4:13-17; Ap. 18:1-24; 19:17-20
Texte pour la classe: 1 Th. 4:13-17
Texte d'or: 1 Th. 4:16
Méthodes: Histoire, comparaisons, questions
But: Préparer l'Eglise à rencontrer Jésus-Christ, son époux.

Introduction
Christ viendra chercher l'église. Quel événement!

I. Quand?
1. Quand l'évangile sera proclamé partout. Mat. 24:13
2. Quand la totalité des païens sera sauvée. Comprenons ici ceux qui sont destinés au salut. Ac.13 :48 ; Ro.11 :25
3. A la chute de l'Eglise de Rome surnommée la Grande Babylone. Ap. 18:1-5
4. A la destruction de la bête et du faux prophète par l'avènement de Christ. Ap.19 :20
5. Au milieu de la grande tribulation. Mat. 24:21-22 ; 2Th.2 :8; Ap. 9:16; 19:19-20
6. Finalement, nous ne savons ni le jour ni l'heure. Mat. 25:13

II. **Comment ?** Jn. 5:25-29; 11:25; 1 Th. 4:16
   1. En un clin d'oeil. Comme un éclair.
      Mat. 24:27; 1Co. 15:51-52
   2. Un archange sera chargé d'annoncer l'arrivée de l'époux.1 Th. 4:16
   3. Christ lui-même embouchera la trompette cette fois-ci parce qu'il est la résurrection et la vie. C'est à lui seul qu'il appartient de ressusciter les morts et de changer « nous les vivants qui serons restés pour son avènement ». Jn. 11:25
      a. D'abord, les morts en Christ ressusciteront. 1Co.15 :52
      b. Ensuite, les chrétiens encore vivants seront changés en un instant. 1Th.4 :17
      c. Ces morts en Christ et ces chrétiens monteront à la rencontre de Jésus dans l'espace. 1Th.4 :17

III. **Où ?** Mat. 24:46
   1. Quel que soit le lieu où vous serez sur la planète. Sachez que l'âme qui habite ce corps ne meurt pas. Il viendra la chercher. Col. 3:3
   2. Que vous soyez au bureau, dans les champs, chez vous, vous irez à sa rencontre

Conclusion
Sa venue est donc certaine. Etes-vous prêt?

Questions

1. Quand le Seigneur viendra t-il?
   Quand la totalité des païens sera sauvée par l'évangélisation du monde. La chute de la grande Babylone

2. Comment aura lieu l'enlèvement?
   En un clin d'oeil, au son de la trompette de Dieu, les morts en Christ seront ressuscités.

3. Où aura lieu l'enlèvement de l'église?
   Partout

4. Qui va sonner la trompette pour le rassemblement? Jésus Lui-même

5. Pourquoi?
   Parce que Lui seul a le pouvoir de faire vivre et de faire mourir.

Leçon 11
Le Millenium

Textes pour la préparation: Es. 11:1-9; 35:1-10; 49:22-26; 54:1-10; 65:19-25; Jer. 23:5-8; 33:15-18; Da. 7:9-14: Mi. 4:1-8; Mat. 25:6-13; Jn. 1:12; 1 Co. 6:2; Ap. 7:1-17; 20:1-9
Texte pour la classe: Ap. 20:1-9
Texte d'or: Ap. 20:6a
Méthodes: Histoire, comparaisons, questions
But: Renseigner les chrétiens sur leur sort et leurs activités durant les mille ans.

Introduction
Comment parler d'un au-delà jusqu'ici inconnu? C'est par les Apocalypses d'Esaie, de Daniel et de l'apôtre Jean que ces mystères nous sont révélés. Ouvrons la Bible!

I. La situation après l'enlèvement
1. *Situation des chrétiens*
   a. Les chrétiens de toutes les nations seront ensemble avec Jésus. Ap. 7:9-10
   b. Ils s'uniront aux juifs messianiques pour louer et servir Dieu jour et nuit devant son trône après la grande tribulation.
   Ro. 11:25; Ap. 7:15
   c. Ils seront reçus dans le lieu des rachetés. Ap. 7:13-17
   d. Ils recevront instructions de Jésus sur la façon dont ils vont juger le monde et les anges rebelles pendant quarante-deux mois.
   1 Co. 6:2

2. *Situation du monde sans Christ*
   Le monde sera dans la confusion, car l'Eglise ne sera plus là pour lui prêcher le message du salut. Mat. 25:6-13

3. *Situation de Satan*
   Satan sera lié pour mille ans car son rôle était d'effrayer les hommes pour les attirer à Christ et aussi d'identifier les vrais chrétiens des hypocrites. Ap. 20:2

4. *Situation d'Israël*
   a. C'est alors qu'ils vont reconnaître Jésus comme leur Messie. Jn. 1:12
   b. C'est un mystère, dit la Bible. Dieu leur donnera un coeur nouveau. Ez. 36:26. Dieu avait enfermé une partie d'Israël dans l'endurcissement pour ouvrir la porte de la grâce aux païens. Ro. 11:25
   c. Israël reprendra son culte dans le temple comme au temps de Salomon et Jésus régnera sur la terre au milieu d'Israël et des élus pendant 1000 ans.
   Es. 35:10; 51:11; 65:17-25; Mi. 4:1-8; Za. 12:3
   d. Israël deviendra la capitale du monde par sa puissance religieuse, militaire et économique.
   Es. 49:22-26; Mi. 4:2; Za. 14:16-17

Conclusion

Peuples païens, aujourd'hui sauvés, rendons gloire à Dieu pour sa miséricorde envers nous!

Questions

1. Où sera l'église après l'enlèvement?
   Devant le trône de Dieu

2. Qui prendra encore part à cet enlèvement?
   Le reste d'Israël ou les juifs chrétiens

3. Quel sera leur rôle?
   Louer Dieu et Le servir jour et nuit

4. Quel sera le sort du monde inconverti?
   Le monde sera dans la confusion

5. Où sera Satan? Lié pour 1000 ans

6. Pourquoi?
   Sa mission qui était de persécuter l'église, aura pris fin.

7. Quel sera le comportement des juifs?
   Ils croiront en Christ comme leur Messie

8. Que fera Jésus?
   Il régnera parmi eux à Jérusalem pendant 1000 ans

9. Que deviendra Israël à ce moment-là?
   La capitale du monde

10. Que veulent dire nouveaux cieux, nouvelle terre? Le ciel, la demeure des élus.

Leçon 12
L'Eternité

Textes pour la préparation: 2 Pi. 3:10; Ap. Chap.20 à
chap. 22:1-5
Texte pour la classe: Ap. 21:1-8
Texte d'or: Ap. 21:3
Méthodes: Discours, histoire, comparaisons, questions
But: Montrer le sort final de ce monde au seuil de l'éternité.

Introduction
Et le monde passe. Quelle vérité alarmante pour les habitants de la planète! Voulez vous en suivre le scénario?

I. **Quel sera le sort d'Israël ?**
   Elle sera la cible des nations du monde
   1. Les grandes puissances ennemies s'allieront contre elle. Ap.20:8. Ce sera après le millénium quand Satan sera délié pour un peu de temps pour séduire les nations. Ap. 20:7
   2. Jésus-Christ enverra du ciel un feu qui détruira ces nations ennemies. Ap. 20:9

II. **Quel sera le sort de la planète terre**
    Elle sera bouleversée.
    1. La mer rendra les morts qui étaient en elle. Ap. 20:1

2. La lune sera changée en sang. Le soleil ne donnera plus sa lumière. La terre sera détruite par le feu. 2 Pi. 3:10

III. **Quel sera le sort des humains ?**
   Les inconvertis verseront des larmes de sang.
   1. Ils seront ressuscités pour la seconde mort, pour le jugement dernier.
      Mat. 25:32, 41; Ap. 20:12 ; 21 :1
   2. Satan, l'antéchrist, le faux prophète seront jetés dans l'étang de feu. Ap. 20:10
   3. La mort aussi sera anéantie. 1Co.15: 26, 54

IV. **Quel sera le sort des rachetés ?**
   1. **La vie de paix et de bonheur éternels.**
      a. Puisque Dieu a changé notre état, Il changera aussi notre demeure, après l'enlèvement, d'où « nouveaux cieux, nouvelle terre, nouvelle Jérusalem » Ap.21 :1
      b. Jésus le divin époux habitera avec l'église, son épouse, dans la nouvelle Jérusalem. Ap. 21:3
      c. Toutes les souffrances connues avec le premier Adam ne seront plus. Ap. 21:4; 22:2

Conclusion
Le droit de citoyenneté pour la cité céleste est encore gratuit. Dépêchez-vous pour remplir votre application à la croix du calvaire.

Questions

1. Qui va se soulever contre Israël?
   La Russie et les puissances alliées

2. Quand?
   Après le millenium quand Satan sera délié.

3. Que fera le Christ?
   Il détruira ces puissances par le feu du ciel.

4. Quel sera le sort de la terre? Elle sera consumée.

5. Quel sera le sort de Satan?
   Il sera jeté dans le feu éternel.

6. Quel sera le sort des inconvertis?
   Ils seront aussi jetés en enfer.

7. Où habiteront les chrétiens?
   Dans la présence de l'époux, Jésus-Christ

8. Pourquoi le lieu est-il appelé "Nouvelle Jérusalem"?
   C'est un nom symbolique pour notre nouvelle demeure avec Christ.

9. Combien de temps vivront-ils? Eternellement

Récapitulation des versets

Leçons -   Sujets -   Versets

1. La Promesse de Son Retour   Jn. 14:3
"Et lorsque je m'en serai allé, et que je vous aurai préparé une place, Je reviendrai, et Je vous prendrai avec moi, afin que là ou je suis vous y soyez aussi."

2. L'établissement de l'Eglise   Mat. 16:18
"Et moi, Je te dis que tu es Pierre, et que sur cette pierre Je bâtirai mon église, et les portes du séjour des morts ne prévaudront point contre elle."

3. L'Eglise et les Effets des Persécutions
                                    Jn.16 : 33b
Vous aurez des tribulations dans le monde ; mais prenez courage, j'ai vaincu le monde.

4. Les Signes de Son Retour dans le Monde
                                    1Pi.4 :17
Car c'est le moment où le jugement va commencer par la maison de Dieu. Or, si c'est par nous qu'il commence, quelle sera la fin de ceux qui n'obéissent pas à l'Evangile de Dieu ?

5. Les Signes de son Retour dans l'Eglise
                                    2Pi.3 :17
"Vous donc, bien-aimés, qui êtes avertis, tenez vous sur vos gardes, de peur qu'entraînés par l'égarement des impies, vous ne veniez à déchoir de votre fermeté.

6. Les Guerres Mondiales et le Rassemblement d'Israël.   Ez. 28:25

"Ainsi parle le Seigneur, L'Eternel: Lorsque Je rassemblerai la maison d'Israël au milieu des peuples où elle est dispersée, Je manifesterai en elle ma sainteté aux yeux des nations, et ils habiteront leur pays que J'ai donné à mon serviteur Jacob."

7. Les Signes des Temps dans le Monde Cosmique.   Lu. 21:11

"Il y aura de grands tremblements de terre, et en divers lieux, des pestes et des famines; Il y aura des phénomènes terribles, et de grands signes dans le ciel."

8. L'Antéchrist   Mat. 24:24

" Car il s'élèvera de faux christs et de faux prophètes; ils feront de grands prodiges et des miracles, au point de séduire, s'il était possible même les élus."

9. Monsieur 666   Ap. 13:18

"C'est ici la sagesse. Que celui qui a de l'intelligence calcule le nombre de la bête ! Car c'est un nombre d'homme et son nombre est six cent soixante six."

10. L'enlèvement de l'église   1 Th. 4:16

"Car Le Seigneur Lui-même, à un signal donné, à la voix d'un archange, et au son de la trompette de Dieu, descendra du ciel, et les morts en Christ ressusciteront premièrement."

11. Le Millenium   **Ap. 20:6**

"Heureux et saints ceux qui ont part à la première résurrection! La seconde mort n'aura point de pouvoir sur eux."

12. L'Eternité   **Ap. 21:3**

"J'entendis du trône une forte voix qui disait: Voici le Tabernacle de Dieu avec les hommes: Il habitera avec eux, et ils seront Son peuple, et Dieu Lui-même sera avec eux."

SERIE 2

Les Impératifs De La
Vie Chrétienne

Avant-propos

Cette série est un commentaire sur le Sermon Sur La Montagne. Lorsqu'Israël recevait le "Décalogue" sur le Mont Sinaï, il tremblait de peur. Plus tard, Jésus lui donna le « Sermon Sur La Montagne » qui contient d'ailleurs plus d'exigences. Pourtant, la foule ne tremblait pas. Au contraire, elle était frappée de sa doctrine. Mat. 7 :28

« *Les Impératifs De La Vie Chrétienne* » nous met en face de nos faiblesses et de la capacité de Dieu en nous pour les dominer.

"*Les Impératifs De La Vie Chrétienne*" nous montre que personne ne peut vivre la vie chrétienne en dehors de Jésus-Christ. Et pour preuve, hier le péché pour être reconnu comme tel, devrait être commis enparole ou en action. Aujourd'hui, Jésus met aussi l'accent sur le péché par pensée qui sera certes défini d'une manière implicite dans ce livret.

Méditez donc sur ces pages sans préjugé et sans faiblesse. Vous en sortirez plus armés pour affronter les grands périls auxquels notre âme est sans cesse exposée.

L'auteur

Leçon 1
Tu Ne Tueras Point

Textes pour la préparation: Ge. 1:26-27; 3:6, 14-15; Ex.21:14; Job.37:7; Jn.3:16; Mat.5: 21-26; Lu.9: 52-56; 2Co.5:19
Texte pour la classe : Mat.5: 21-26
Texte d'or: Mat.5:22
Méthodes: discussion, discours, questions
But: combattre le crime sous toutes ses formes.

Introduction
Tu ne tueras point ! Pourquoi d'abord cette objection ?

I- **Raison majeure :**
C'est parce que tuer en lui-même, c'est ôter la vie d'une manière lente ou violente et le premier offensé est Dieu notre Père.

II- **Les étapes vers l'homicide**
1. Le meurtre commence par la colère. Mat.5:22
2. Il continue avec des propos de dénigrement. Mt.5 :22
3. Il engendre de l'hostilité et de la rancune qui débouchent tôt ou tard sur la vengeance ou la répression. Mt.5 :23
4. Des manières négatives qui démoralisent et occasionnent la mort lente par la dépression, les ulcères d'estomac, l'hypertension, le diabète et la congestion cérébrale. Ex.21: 14
5. Un silence coupable quand un seul mot aurait pu sauver un innocent.

6. A la fin, la mort est provoquée directement ou indirectement.

II- **Les raisons pour l'éviter** :
1. L'homme n'a aucun droit de détruire ses semblables car ils portent comme vous le sceau de Dieu. Ge.1:26-27 ; Job.37:7
2. Au lieu de les détruire, Jésus est venu les réparer à ses propres frais. Ge.3: 6, 14-15 ; Lu. 9:52-56 ; Jn.3:16; 2Co.5: 19

III- **Les moyens de l'éviter**:
1. On doit rechercher la réconciliation par tous les moyens. Mat.5 :23-25
2. On doit éviter les mauvais propos qui peuvent dégénérer en bagarre. Mt.5 : 5:25
    3. On recherche la paix
        a. En évitant la résistance au méchant.
        b. En évitant les réactions brutales même quand on est capable de réagir. Mat.5: 9, 39, 40, 42; He.12:14

Conclusion
Hier c'était la loi du talion "œil pour œil, dent pour dent. » Jésus vient avec l'arme de l'amour pour désarmer même le criminel. Voulez vous l'essayer?

Questions

1 - Quelles sont les étapes vers l'homicide?
La colère, les paroles blessantes, les attitudes méchantes, les armes matérielles ou immatérielles

2 - Pourquoi doit-on l'éviter? Donnez en trois raisons.
a. Parce que l'homme est la photocopie de Dieu.
b. Il lui coûte de la réparer
c. Il a sur lui le sceau de Dieu

3 - Quels sont les moyens de l'éviter ?
a. On doit rechercher la paix, la réconciliation.
b. On doit éviter les arguments.
c. On doit savoir garder le silence.

4. Comment s'appelait la loi de l'Ancien Testament qui autorisait la vengeance ?
La loi du talion

Discussion: Que pensez-vous de la peine capitale?

Leçon 2
Tu Ne Commettras Point D'Adultère

Textes pour la préparation: De.22:16-21; Mal. 2:16; Mat.26:41; Jn.8:5; 1Co.6:10; Ap.22:15
Texte pour la classe : Mat.5: 27-32
Texte d'or: Mat.5:32
Méthodes : discours, comparaisons, questions
But: Combattre l'immoralité sexuelle dans notre société

Introduction
L'un des fléaux qui dérangent l'ordre social est bien l'immoralité sexuelle. Jésus nous en met en garde et nous donne des principes pour l'éviter.

I- **Comment définir l'adultère ?**
   1. Par définition, c'est la relation sexuelle entre gens mariés en dehors du mariage ou bien la fornication entre gens non mariés.
   2. Dieu, l'auteur du mariage, en est insulté.
   3. C'est un choix égoïste, émotionnel en violation du contrat de mariage.
      L'Ancien Testament a prévu la mort pour les partenaires fautifs. De.22 :6-21; Jn.8: 5.
      C'est la mort de l'âme dans le Nouveau Testament. Heureusement, Jesus vient avec les moyens pour la réparer.
      Jn.8: 11 ; 1Co.6:10; Ap.22:15

II. **Quelles sont les causes principales de l'adultère ?**
   1. Il débute avec la convoitise. Mt.5:28

2. Il continue avec un manque de prière , de vigilance et de crainte pour Dieu. Mat. 26:41
3. Il se poursuit avec l'éloignement et le dégoût de son conjoint. On vit dans le mensonge en transférant son cœur à un autre. L'adultère est déjà commis sans même que l'acte soit consommé. Mt.5 :28
4. Christ aurait préféré vous voir borgne, manchot, plutôt que d'être adultère et de périr en enfer. Mat.5:28-30

III- **Conséquences**.

1. *La dégradation morale par le péché de la chair* vous rend indigne devant Dieu et devant les hommes.
2. *Un scandale qui dérange la société.*
Cet acte peut entraîner le divorce, l'abandon des enfants, la lâcheté qui va au suicide et aux crimes.
3. *C'est la destruction d'un engagement sacré que Dieu déteste.* Mal. 2:16
4. Le SIDA. Cette maladie n'a pas de préjugé et ne fait acception de personne.

Conclusion :

Dieu punit sévèrement cette trahison de la foi conjugale. Avez-vous une excuse? Honte à vous!

Questions

1- Qu'est-ce-que l'adultère?
C'est le péché sexuel entre gens mariés.

2- Qu'est ce que la fornication ?
C'est le péché sexuel entre gens non mariés.

3- Qui en était puni dans l'Ancien Testament ?
Les fautifs.

4. Comment débute l'adultère ?
Avec la convoitise, ensuite un déclin dans la vie spirituelle

5. Que prévoit Jésus pour nous en épargner?
La vie de prière et la vigilance

6. Quelles sont les causes de l'adultère?
L'amour du monde, l'égoïsme, le manque d'amour, l'esprit charnel, l'esprit de conquête

7. Quelles en sont les conséquences?
Le dérangement de l'ordre social, la destruction de la personnalité, de la famille, le divorce, le crime, la mort éternelle.

Leçon 3
Tu Ne Parjureras Point

Texte pour le moniteur : Ruth.1 :1-16 Job.37:7 Mat.5:33-37
Texte pour la classe: Mat.5: 33-37
Texte d'or: Mat.5:37
Méthodes : discours, comparaisons, questions
But: Eviter les faux serments.

Introduction
Dans l'Ancien Testament, le serment mettait fin à tous les différends. Et pourtant, Jésus l'interdit.
Qu'est ce que le serment ?

I- **Le serment dans son essence** :
   1. C'est une affirmation solennelle d'une personne en vue d'attester la vérité d'un fait ou la sincérité d'une promesse. Exemples :
      a. Le serment de Ruth, la Moabite de s'attacher à Naomi sa belle-mère sous peine de malédiction sur elle. Ruth.1 :16
      b. Le serment d'Eliezer de respecter les directives d'Abraham dans le choix d'une fiancée pour Isaac. Ge.24: 8-9.
      c. En Haïti, on évoque sur soi la mort par la foudre en cas de violation d'un contrat: D'où les expressions vulgaires: **Tonè Boule'm, Tonè Kraze'm.**

II- **Jésus interdit le serment**
   1. On ne doit pas jurer par le ciel: c'est le trône de Dieu. Mt.5: 34

2. Ni par la terre: c'est le marchepied de Dieu. Mt.5 :35
3. Ni par Jérusalem : c'est la cité de Dieu. Mt.5 :35
4. Ni sur sa personne: c'est la propriété de Dieu. Job.37:7 Mt.5:36

Vous êtes le locataire privilégié d'un corps dont Dieu est le seul propriétaire.

Retenez que si vous êtes habitués à vous faire croire par des serments, nul ne vous croira sans serment.

III- **Quand le serment est permis**:

Dans l'investiture d'un récipiendaire: il doit prêter serment. Mais cette prestation n'introduit aucun malheur sur sa tête. Il ne fait que lire un document placé sous ses yeux.

IV- **La recommandation de Jésus**:

Un *oui* ou un *non* sans excuse à l'appui, tient lieu de parole d'honneur. Voilà sa méthode.

Conclusion

Que votre oui soit oui, que votre non soit non. Voilà qui traduit la force de caractère.

Questions

1- Qu'est ce que le serment:
   Une affirmation solennelle.

2- Pourquoi fut-il interdit par Jésus Christ?
   Parce que vous promettez ce que vous ne pouvez fournir ou prouver.

3- Quel genre de serment est permis?
   La prestation de serment dans les cas officiels.

4- Qui sommes-nous devant Dieu ?
   Des locataires privilégiés de ce corps

5- Que recommande le Seigneur ?
   Une réponse par oui ou par non.

6- Quel était le serment de Ruth à Naomi ?
   Un attachement inconditionnel à sa belle-mère.

Leçon 4
Aimez Vos Ennemis

Textes pour la préparation: Mat.5: 43-48; Ro.12:20 ; 1Pi.5 :8
Texte pour la classe: Mat.5:43-48
Texte d'or: Mat.5:44
Méthodes: discours, comparaisons, questions
But: Manifester de l'amour à tout prix

Introduction
Qu'il est dur d'aimer ceux qui nous haissent? « Aimez vos ennemis ». Que veut dire le Christ par là?

I- **Tout d'abord, qui sont nos ennemis** ?
   1. Ceux qui viennent pour nous nuire ou nous détruire.
     a. Ils nous maudissent. Mt.5: 44
     b. Ils nous haïssent Mt. 5:44
     c. Ils nous maltraitent Mt.5:44
     d. Ils nous persécutent Mt.5:44

   2. Ce qui peut contrarier notre développement
     a. Notamment notre ignorance
     b. Notre complexe d'infériorité, notre tempérament
     c. Un handicap physique ou social: il nous porte à croire que nous avons échoué à l'avance. Pourtant, nous nous aimons malgré tout, pourquoi pas les autres?

II- Pourquoi devons-nous les aimer ?
1. Parce que, le plus souvent, nous détestons chez autrui tous les défauts que nous avons en nous. Si nous pouvons les excuser chez nous, nous pouvons aussi les excuser chez les autres.
2. La présence de nos ennemis nous force à nous corriger. C'est la dernière étape vers la perfection. Mat.5:48
3. Nous n'aimons pas Satan, notre accusateur; néanmoins nous devons en remercier Dieu, car si le diable ne rôdait pas autour de nous comme un lion rugissant pour nous dévorer, nous aurions pris la vie chrétienne à la légère et négligerions un si grand salut. 1Pi.5:8

III- La meilleure politique
1- C'est d'aimer et de servir tout le monde. 5:44
2- La simple salutation à un ennemi n'est pas une indication d'amour. Ce qui compte plutôt c'est un acte désintéressé.

Conclusion

A la vérité, nous ne connaissons pas nos vrais ennemis. Aimez donc tout le monde.

Questions

1. Qui sont nos ennemis?
   Ceux qui se soulèvent contre nous, contre nos décisions.

2. Pourquoi les aimer?
   Ils nous portent à réviser nos conceptions et à améliorer notre conduite.

3. Quelle est la meilleure politique?
   Aimer tout le monde

4. Connaissons-nous nos vrais ennemis ? Non

5. Qui est notre ennemi commun? Satan

6. Pouvons-nous l'aimer? Non

7. Citez des ennemis personnels.
   Nous–mêmes, notre ignorance, notre complexe d'infériorité, notre orgueil

Leçon 5
Cessez D'être Un Religieux Hypocrite

Textes pour la préparation: Mt. 6:1-8; 7:21
Texte po ur la classe : Mt.6:1-4
Texte d'or: Mt.6: 3
Méthodes :   discours, comparaisons, questions
But: Combattre le formalisme religieux. Rechercher la simplicité dans le service pour Dieu.

Introduction
Cessez d'être un religieux hypocrite! Est-ce un blâme? C'est le Seigneur qui parle. Voyons ce qu'il blâme :

I- **D'abord, la recherche de la propre justice.** Mt.6:1
1. On veut avoir raison à tout prix même en consultant des gens que l'affaire ne regarde même pas.
2. A force de farder la vérité, on se croit dans la vérité. Et pourtant, on ne fait que noircir sa conscience avec de la fausseté.

II. **Puis, l'aumône fait en public.** Mt.6:2
1. On donne pour se faire remarquer pour que tous sachent que vous êtes généreux.
2. On le fait même à l'Eglise, après que les offrandes aient déjà été recueillies, sans aucun souci pour le service qu'on dérange.

III. **Ensuite, la prière pour la vaine gloire.**
Jésus ne condamne jamais la prière faite en public ou à haute voix dans les réunions en plein air, par exemple. Mt.6:5-7

1. Il condamne les prières faites dans le but de se faire remarquer. Mt.6:5
2. Il condamne les vaines redites. Mt. 6 :7
3. Sachez-le bien : votre grosse voix en fa majeur, ou votre petite voix en mi mineur ne pourront jamais l'impressionner.Mt. 7:21

IV. Voyons ce qu'il attend de nous. Mt.6:3, 6
1. L'humilité pour accepter notre tort et rechercher la réconciliation au lieu de nous justifier devant les hommes Mt. 6:1
2. Le don fait en secret pour ne pas exposer, humilier ou embarrasser le bénéficiaire. Mt.6: 2-4
3. La prière faite dans la concentration, la prière faite avec intelligence et précision. Mt.6:8

Conclusion
Dieu a justement le temps pour les pécheurs repentants et non pour les acteurs. Arrangez-vous correctement.

Questions

1- Citez trois attitudes que Dieu déteste:
   La recherche de la propre justice, l'aumône publique, la prière pour la vaine gloire.

2- Qu'est-ce-que la propre justice?
   Chercher à avoir raison à tout prix

3- Pourquoi certaines gens font l'aumône publique?
   Pour afficher leur générosité.

4- Citez des prières que Dieu n'écoute pas.
   Les vaines redites, les prières faites dans le but de se faire remarquer.

5- Qu'est-ce-que Dieu attend de nous?
   L'humilité, la simplicité, la prière faite en secret, la discrétion.

Leçon 6
Un modèle de prière

Textes pour la préparation: Ex.20 :1-7 ; Mat.6: 5-15; Jn.14: 1-3; Ro.8:26-27
Texte pour la classe : Mat.6:9-15
Texte d'or: Mat.6:6
Méthodes: histoire, comparaisons, questions.
But: Présenter l'essentiel dans une prière adressée à Dieu

Introduction
L'Oraison Dominicale" est le modèle de prière que Jésus nous laisse. En voici pour les détails

I- **Elle commence avec la louange à Dieu.**
   1. *Notre Père.* Jésus s'associe à nous dans nos prières, car *il faut sa signature pour les valider devant Dieu.* C'est pourquoi il ne dit pas « *Mon Père* »
   2. *Que ton nom soit sanctifié* c'est-à-dire, que ton nom ne soit pas prononcé en vain. Ex.20 :7
   3. *Que ton règne vienne.* C'est le souhait de tous ceux qui attendent fermement son retour.
   4. *Que ta volonté soit faite* dans toute l'étendue de ta domination.
      En d'autres termes: nous sommes disposés à t'obéir sans même sans comprendre.

II- **La prière continue avec nos requêtes personnelles : le pain quotidien, ce qu'il nous faut pour vivre.**
    1. Un bon travail pour subvenir à nos besoins.
        a. La santé, la joie, l'amour, la paix la sécurité en tout.
        b. L'instruction et la bonne éducation aux enfants.
        c. La sécurité sociale, un plan de retraite. Jn.14: 3
        d. Enfin, un bon gouvernement
           Tous ces éléments entrent dans la composition du pain quotidien.

III- **Puis vient notre contrition.**
    1. Nous pardonnons d'abord aux autres, puis nous lui demandons pardon pour nous-mêmes. Mt.6 :12
    2. Nous demandons son assistance devant les épreuves qui nous dépassent. 1Co.10 :13

IV- **La prière s'achève avec la louange à Dieu**
Mt.6 :13
    1. Pour tous ses bienfaits matériels.
    2. Pour tous ses bienfaits spirituels. (pardon, paix, joie, amour, sécurité, la vie, la protection...) Mt. 6:13
    3. Nous la terminons avec la louange à Dieu. Mt. 6: 9,13

Conclusion
Soyons donc précis et concis dans nos demandes. Le Saint Esprit est déjà prêt à les mettre dans le **code** que le ciel approuve. Ro. 8:26-27

Questions

1. Citez les trois grands points de cette leçon?
   La louange à Dieu, nos requêtes, notre contrition

2. Pourquoi Jésus dit-il "Notre Père"?
   Parce qu'il s'associe à nous dans nos prières pour les valider devant son Père.

3. Que veut dire "Que ton nom soit sanctifié?"
   Que ton nom ne soit pas prononcé en vain !

4. Que veut dire ici "le pain quotidien"?
   Ce qu'il nous faut pour vivre.

5. Citez cinq expressions de ce pain.
   Joie, santé, nourriture, paix, instruction

6. A quelle condition Dieu nous pardonne-t-il?
   Quand nous acceptons de pardonner aux autres.

7. Comment commencer et terminer une prière?
   Par la louange à Dieu.

Leçon 7
Le Vrai Jeûne

Textes pour la préparation: 1S.1:8; 2: 1-10; 2Ch.7:14; Esd.10:11; Est. 4:16; Ps .42:1-2; 91:13; 143: 10; Es. 58; Jon 3: 4-10 ; Mat. 6: 16-18; 28:20; Ac.5:11-20; 13:2
Texte pour la classe : Mat.6:16-18
Texte d'or: Mat.6: 17-18a
Méthodes: histoires, comparaisons, questions
But: Présenter des conditions d'exaucement aux prières

Introduction
Pourquoi jeûner? D'où vient cette pratique?

Définition
En général jeûner, c'est s'abstenir de boire ou de manger pendant plusieurs heures pour des raisons sanitaires ou spirituelles.

I. Buts du jeûne pour le chrétien.
1. C'est la soif de rencontrer Dieu à tout prix. Ps.42:1

III- Conditions du vrai Jeûne. Il faut :
1. **L'humilité**. Es.58:5; Mat.6:18
   C'est consentir à n'être rien et ne pas suivre l'exemple du pharisien qui humilie le publicain même dans sa prière. Luc.18:9-14
2. **La confession.** 2Ch.7: 14; Esd.10:11
   C'est l'aveu de ses fautes avec angoisse qui n'est pas du tout une récitation de ses péchés avec des mots d'excuses pour se justifier.

3. **La repentance.** 2Ch.7:14; Jon.3:4, 6, 10.
   C'est le regret de ses fautes au point de les abandonner. Ne croyez pas aux larmes qui peuvent bien être celles du crocodile.
4. **La restitution.** Lu.19:6-7
   C'est retourner à autrui ce qu'on lui doit. Elle peut être un objet, des excuses à présenter ou un dédommagement à payer.
4. **La miséricorde envers le prochain.**
   Es. 58: 11
   Aider quelqu'un, même un étranger dans le besoin, sans qu'il l'ait sollicité.
6. **L'accomplissement de la dernière volonté du Seigneur.** Es.58: 13; Mat.28:20
   Prêcher la Parole avec la puissance que Dieu vous donne.

II- **Résultats:** Es.58:11, 14
   1. Dieu vous exauce.
      a. Par une grande délivrance. Ac.5:19-20
      b. Par la victoire sur l'ennemi: le diable et ses ruses, le monde et ses tentations, la chair et ses désirs. Ps.91:7-8
      c. Par la révélation de sa volonté. Ps.143:10; Ac. 13:2
      d. Par l'effusion du Saint Esprit et la manifestation de son autorité parmi nous. Ac. 2:4; 4:31;
   2. Le chrétien loue Dieu et témoigne de ses bienfaits.1S.1:8; 2: 1-10
   3. La crainte augmente momentanément.
      On sent que Dieu est plus près. Ac.5:11
   4. Dieu devient plus populaire parmi les païens. Ac.5:14

Conclusion

Ayez cette envie : votre vie spirituelle sera récompensée et l'église sera bénie.

Questions

1. Qu'est-ce-que le jeûne?
   S'abstenir de manger et de boire jusqu'à une heure avancée du jour.

2. Pourquoi le chrétien jeûne-t-il?
   Pour montrer à Dieu son besoin d'une grande chose.

3. Citez cinq conditions du vrai jeûne?
   L'humilité, la confession, la repentance, la restitution, la miséricorde envers son prochain

4. Citez cinq réponses possibles au jeûne:
   La délivrance, la victoire sur l'ennemi, la puissance du St-Esprit, la crainte de Dieu, la révélation de la volonté de Dieu.

5. Au prime abord, qu'était le jeûne ?
   Une pratique purement physique

6. Dans quel but était-il pratiqué ?
   Dans le but d'améliorer sa santé

Leçon 8
Les Vraies Richesses

Textes pour la préparation: Ps.31:16; Mat.6:19-24; Jn.14:27; 17:3; Ac.16:25; Ja.1:17; Ro.5:8; 1Jn.5:17; Ap.3:17-18
Texte pour la classe: Mat.6: 19-20
Texte d'or: Mat.6:20
Méthodes : histoires, comparaisons, questions
But: Encourager les chrétiens à rechercher les vraies richesses.

Introduction
Quelle erreur quand on ne sait pas définir les vraies richesses !

I- **Des richesses inconsistantes:**
1. Des choses visibles, tangibles, périssables qui peuvent même mettre notre vie en danger. Mat.6: 19-20
2. Ces richesses sont ingrates:
   Quand vous laissez la vie, vous leur dites adieu.

IV- **Ce qu'elles peuvent procurer: seulement des choses périssables.** Mat.6:19; 1Jn.2:17
1- Des médicaments mais pas la santé.
2- Des cosmétiques mais pas la beauté.
3- Des musiciens mais pas la joie.
4- Des produits alimentaires mais pas l'appétit.
5- Des ouvrages mais pas l'intelligence.
6- Des écoles philosophiques mais pas la sagesse.
7- De la renommée mais pas la vie éternelle.

8- Un siège dans l'église mais pas une demeure au ciel.

V- **Les vraies richesses: elles sont invisibles, elles viennent des entrepôts de Dieu.** Ja.1:17
Citons-les :
1. **La joie**: elle *vient du Saint Esprit*. Elle demeure même dans la détresse. Ac.16:25
La paix *de Dieu*, c'est la paix dans la conscience, la réconciliation avec Dieu, avec le prochain et avec soi-même. Le monde ne peut la donner. Jn.14:27
2. **L'amour.** L'amour des hommes peut finir par la haine. *L'amour de Dieu* n'est pas un *sentiment émotionnel ni une passion charnelle.* . C'est plutôt l'expression de son sacrifice pour nous sauver, de sa miséricorde pour nous pardonner, de sa Providence pour répondre à tous nos besoins. Ro.5:8
3. **La vie éternelle.** Ps.31:16; Jn.17: 3

Conclusion
Ces richesses sont disponibles et données par Jésus-Christ gratuitement au pied du Calvaire. Voulez-vous les avoir ? Mc.10 : 17-23 ; Jn.10 : 10

Questions

1. Quelle est la nature des richesses matérielles?
   Passagères, inconsistantes

2. Quelles sont leurs limites?
   Procurer des choses périssables.

3. D'où viennent les vraies richesses?
   De Dieu seul

4. Citez quelques vraies richesses que vous connaissez.
   La joie, la paix, l'amour, la vie éternelle

5. Qui peuvent en bénéficier.
   a. Les enfants du Seigneur.
   b. Ceux qui mettent en Lui leur confiance.

Leçon 9
Comment vaincre l'inquiétude ?

Textes pour la préparation : Ps.37:1-5; Mat.6: 25-34; Ph.4:6-8
Texte pour la classe : Mat.6:31-34
Texte d'or : Mat.6:33
Méthodes : histoires, comparaisons, questions
But : Aider les chrétiens à dominer les problèmes de chaque jour.

Introduction
Le mot problème n'est pas écrit dans la Bible. Et pourtant qui n'en a pas ? Il y est connu sous d'autres noms.

I- **L'anxiété** : inquiétude, souci
   1. Comment se manifeste-t-elle ?
      a. *Par la palpitation*, la sueur froide au front et à la main quand on est devant une puissance écrasante.
      b. *Par des gestes incontrôlés,* des paroles incohérentes qui dénotent la perte du sang-froid devant une situation qui nous dépasse.
      c. *Par des cauchemars* : on fait des rêves apocalyptiques, on entend des bruits de fin du monde et des voix d'outre-tombe.

II. **Quelle en est la cause ?**
   L'insécurité :
   1. On a peur du lendemain, peur de perdre quelqu'un ou quelque chose.
   2. On craint l'obscurité subite, un soulèvement, un inconnu, un animal...

3. On craint de traverser seul une place publique, on craint la pénurie d'argent, la maladie, les échecs, les blâmes...

II- **Comment gérer l'anxiété.**
1. Il vous faut savoir que seul Jésus a autorité sur le lendemain.
2. Soumettez vos projets à Dieu et attendez avec foi sa réponse. Ps.37:1-5
3. Augmentez votre foi en écoutant les témoignages de ceux-là qu'il a délivrés.
4. Ayez des compagnons de prière pour diminuer les chances de distraction et vous encourage à prier plus longtemps.

Conclusion:
Et maintenant, que votre cœur ne se trouble point. Jésus est en contrôle. Le croyez-vous? Faites-lui confiance.

Questions
1. Définissez l'inquiétude.
   L'anxiété, les soucis.

2. Citez quelques unes de ses manifestations?
   La palpitation, les gestes incontrôlés, le cauchemar, la perte de sang-froid.

3. Quelle en est la cause? L'Insécurité

4. Comment la vaincre?
   Par la prière en commun, la lecture de la Bible, le témoignage des chrétiens de conviction et surtout la foi en Dieu.

Leçon 10
Condamnations des faux jugements

Textes pour la préparation: Mat 7: 1-6; Gal.6:1; Ja.4: 11-12
Texte pour la classe : Mat.7:1-5
Texte d'or: Mat. 7:1
Méthodes: histoire, comparaisons, questions
But: Combattre les critiques négatives qui détruisent la bonne relation avec Dieu et avec nos semblables.

Introduction
Le faux jugement est une erreur commune à tous les hommes. Il nous faut le définir et le combattre au plus tôt.

I. Le faux jugement
1. On juge sur les apparences. Nous condamnons les autres en prenant nos faiblesses comme *étalon de mesure*.
2. Avec le faux jugement, on peut facilement prononcer un verdict injuste et méchant.

II- Le jugement
Le jugement en lui-même est le discernement d'un fait ou d'une situation en vue d'éclaircir la vérité.
1. Il est à base de preuve, de clarté.
2. Il cerne le problème et non les apparences
3. Il est impartial.

II- Quel est le vrai jugement pour le chrétien?
1. Il est éclairé par le Saint Esprit, honnête et sans parti-pris.

2. Il est empreint de commisération et d'esprit de pardon.
3. On exhorte le frère avec douceur quand on sait qu'on est sujet aux mêmes erreurs. Gal.6:1
4. On évite les commentaires, les réflexions sans grandeur sur les actes d'autrui.

III- **Quels sont les moyens d'y parvenir.**
5. Apprendre à apprécier les bonnes choses chez les autres et leur donner le temps de s'améliorer. 2Ti.2 :22-25
6. Se mettre à la place de l'autre et lui accorder la même compassion qu'on a pour soi-même.
7. Savoir que le temps nous manque pour nous améliorer nous-mêmes, c'est donc une perte de temps que de vouloir nous mêler de changer les autres. Priez pour le coupable.

Conclusion
Jésus se réserve de juger les hommes au dernier jour : pourquoi sommes-nous plus pressés que lui? Patientons, mes amis. Mt.7 :1

Questions

1. Qui est exposé à faire de faux jugements?
   Tous

2. Qu'entend-on par faux jugement?
   La condamnation des autres sans appel, sans réflexion

3. Définissez le vrai jugement.
   Il est impartial et honnête.

4. Comment y parvenir?
   a. En appréciant les bonnes choses chez les autres.
   b. En exerçant la commisération envers le prochain.
   c. En priant pour les frères.
   d. En évitant les réflexions sans grandeur.

Leçon 11
Conditions D'Exaucement Aux Prières

Textes pour la préparation: 1S.1:10-20; 2S.21:16-17; 22:4; 2Ch.7:14; Ps.42:1; 96: 5; 115: 4-9; Mat.5: 23; 7:7; Mc.10: 51-52; Jn.14:14; Ja.4:1-5
Texte pour la classe: Mat.7:7-11
Texte d'or: Mat.7:7
Méthodes: témoignages, comparaisons, questions
But: Montrer aux chrétiens la marche à suivre pour que Dieu réponde à leurs prières.

Introduction
Tout jeu a ses règles. La prière en a les siennes. Elles sont obligatoires si on veut être exaucé.
Il nous faut:

I- **La confession.** C'est l'aveu sincère de nos péchés: 2 Ch.7:14

II- **La louange**: C'est l'exaltation du nom du Seigneur. C'est se réjouir de la victoire avant la bataille. 2S. 22:4

II- **La foi** : C'est ici faire confiance à Dieu en tout et pour tout. Il faut prier sans douter.
Ps.96:5; 115: 4-9
Douter de Dieu c'est l'insulter. Car la réponse aux prières est *son devoir* quotidien qui le qualifie comme *notre* Dieu.

IV- **Une demande spécifiée**: Bartimée spécife sa demande. Mc.10:51-52

Il n'était pas un résigné mais un lutteur. Une fois guéri, il se mit au service du Seigneur.

V- **Un esprit dominé par une urgence**: prier avec l'angoisse au cœur comme Anne et crier comme la biche qui soupire après l'eau.
1S. 1: 10, 20 ; Ps.42:1.

VI- **La clémence**: Que vous soyez auteur ou victime d'une offense, Dieu vous aime tous. Tentez de négocier la paix avec votre frère et revenez à Dieu avec humilité de cœur. Mat.5:23

VII. **La signature du Seigneur**: La prière doit être faite au nom de Jésus Jn.14:14 Autrement elle passera pour une lettre anonyme, et restera sans réponse.

VIII. **Savoir que la prière n'est pas l'affaire des paresseux et des gagas.** Mat.7: 7-8
Il faut agir sur votre prière: (Vous appliquez pour le visa, le travail. pour une école, vous cherchez un partenaire)
Il faut frapper pour qu'on vous ouvre. On doit s'introduire soi-même. On doit appeler.

Conclusion
Usez de vos facultés et glorifiez Dieu quand il répond.

Questions

1. Citez 4 conditions d'exaucement
   La confession, la foi, la clémence, la prière au nom de Jésus

2. Citez 3 choses que l'homme doit faire pour obtenir la réponse à ses prières:
   Il doit chercher, frapper et demander.

3. Quel est le devoir principal de notre Dieu ?
   Répondre à nos prières.

4. Qu'est ce qui le distingue des faux dieux?
   Il nous aime tous.

5. A quoi ressemble une prière sans la signature de Jésus? A une lettre anonyme.

Leçon 12
Les Deux Chemins

Textes pour la préparation: Ps.119:105; Mat.7:13-14; Lu.9:23; Jn.14:6. Ro.3:23; Ep.2: 1-3; 4: 17-19; Ja.4:5
Texte pour la classe: Mat.7:13-14
Texte d'or: Mat.7: 13
Méthodes: histoire, comparaisons, questions.
But: Encourager les chrétiens à fuir le chemin qui mène à la perdition.

Introduction
Jésus nous présente deux chemins. Quel en est votre choix ?

I. **Le chemin de la perdition**. Mt.7 :13
 1. **C'est la porte large**:
    a. **La vie libre**. On dit et on fait ce qu'on veut pour son malheur.
    b. **La vie sans Dieu**. La notion d'un Dieu comme père est ignorée dès l'enfance. On est dénué de toute crainte.
    c. **La vie corrompue**. On peut être conduit à mener une vie de débauche, de dissipation jusqu'au crime.
 2. **Ses directions**: elle débouche sur:
    a. *Une vie désordonnée*: On perd la conscience de ses actes   Ep.2: 1-3
    b. *Une vie dévergondée*: on s'adonne à l'immoralité, aux excès et aux actes irresponsables.   Ep.4:18- 19
    c. Une vie controlée par l'homme sans Dieu. Ep.4:17

3. **Son aboutissement.**
    a. La ruine, la perdition. Mat.7:13
    b. La séparation d'avec Dieu, la mort éternelle. Rom. 3:23

II. Le chemin de la vie.
1. La porte étroite: c'est Jésus lui-même. Il vous donne la forme convenable pour arriver au ciel. Lu.9:23
2. **Ses directions:**
    a- On remet toutes ses facultés entre ses mains.
    b- On prie pour garder le contact avec lui.
    c- On le suit pas à pas. Jn.14: 6
    d- On accepte de porter la croix comme une limite qu'on ne peut dépasser. Lu.9 : 23
    e- On lit la Bible comme la révélation de Dieu pour sa vie spirituelle. Ps.119:105

3. **Son aboutissement.**
    a. La vie éternelle. Mt. 7 :13
    b. La paix de Dieu. Ro.5 :1
    c. La joie du St Esprit qu'il a mise en nous et qu'il chérit avec jalousie. Ja.4:5

Conclusion
Choisissez le chemin de la vie. Pourquoi mourriez-vous, maison d'Israël? Ez.18:31

Questions

1- Citez les deux portes dans la vie
La porte large, la porte étroite

2- Citez les deux chemins?
Le chemin de la perdition, le chemin de la vie

3- Quels sont leurs aboutissements ?
L'un mène à Dieu; l'autre à la damnation éternelle

4- Que représente la porte large?
Une vie sans éducation

5- Que représente la porte étroite?
Une vie réglée.

Récapitulation des versets

Leçons - Sujets - Versets

1. **Tu Ne Tueras Point.** **Ro.12 :19**

   Ne vous vengez point vous-mêmes, bien-aimés, mais laissez agir la colère ; Car il est écrit : «A moi la vengeance, a moi la rétribution, dit le Seigneur.

2. **Tu Ne Commettras Point D'adultère.**
   Mat.5: 32
   Mais moi, je vous dis que celui qui répudie sa femme, sauf pour cause d'infidélité, l'expose à devenir adultère, et que celui qui épouse une femme répudiée commet un adultère.

3. **Tu Ne Parjureras Point.** **Mat.5:37**
   Que votre parole soit oui, oui, non, non; ce qu'on y ajoute vient du malin.

4. **Aimez Vos Ennemis** **Mat. 5:44**

   Mais moi, je vous dis: aimez vos ennemis, bénissez ceux qui vous maudissent, faites du bien à ceux qui vous haïssent, et priez pour ceux qui vous maltraitent et qui vous persécutent.

5. Cessez D'être Un Religieux Hypocrite
Mat.6:3

Mais quand tu fais l'aumône, que ta main droite ne sache pas ce que fait ta main droite, afin que ton aumône se fasse en secret.

6. Un Modèle De Prière Mat.6:7

En priant, ne multipliez pas de vaines paroles comme les païens qui s'imaginent qu'à force de paroles, ils seront exaucés.

7. Le Vrai jeûne 2 Ch.7 :14

Si mon peuple sur qui est invoqué mon nom, s'humilie, prie et cherche ma face, et s'il se détourne de ses mauvaises voies, je l'exaucerai des cieux, je lui pardonnerai son péché et je guérirai son pays.

8. Les Vraies Richesses Mat.6:20

Mais amassez vous des trésors dans le ciel, où la teigne et la rouille ne détruisent et où les voleurs ne percent ni de dérobent.

9. Comment vaincre l'inquiétude Ph.4 :6

Ne vous inquiétez de rien, mais en toute chose faites connaître vos besoins à Dieu par des prières et des supplications avec des actions de grâces.

10. Condamnation Des Faux Jugements.

Mat.7:1

Ne jugez point afin que vous ne soyez pas jugés.

10. Conditions D'exaucement Aux Prières

Mat.7 : 7

Demandez et l'on vous donnera; cherchez et vous trouverez; frappez et l'on vous ouvrira

12. Les Deux Chemins   De.30 : 19

J'en prends aujourd'hui à témoin contre vous le ciel et la terre : j'ai mis devant toi la vie et la mort, la bénédiction et la malédiction. Choisis la vie afin que tu vives, toi et ta postérité.

Série III

Des gens comme vous et moi

Avant-propos

Cette série de leçons s'inspire de cette déclaration de l'apôtre Jacques : "Elie était un homme de la même nature que nous". Ja.5 :17
Ceux que nous prenons pour des titans dans l'histoire biblique n'avaient en eux rien d'extraordinaire. Ce qu'ils étaient hier, nous pouvons l'être aujourd'hui. Heureusement, la Bible n'a pas exalté leurs exploits en cachant leur faiblesse.
 Mais comment Dieu les a-t-il choisis ? Qu'est ce qui nous porte à les admirer ? Les circonstances qui ont fait d'eux ceux qu'ils furent, sont elles différentes des nôtres? Certes, oui. Mais Dieu est il différent? Opère t'il de nos jours avec moins d'éclat? Si oui, pourquoi? Notre nature, est-elle différente des leurs ? J'entends un autre dire tout haut: " Dieu est à la recherche d'un homme". Est-ce toi mon frère, est-ce toi ma sœur ? Sache que Dieu peut reproduire des duplicatas de ces mêmes personnages de manière à convaincre les enfants de ce siècle qu'il n'y a en lui ni changement ni ombre de variation. "Des gens comme vous et moi..." Puisse Dieu nous accorder le privilège d'être ajoutés à cet album.

Leçon 1
Abraham, Le Premier Juif

Textes pour la préparation: Ge.12:1-19; 15:1-6; 16:2-12; 17:1; 20:1-18; 21:14, 21; 22:1-14; 24:1-7; Lu.16:22; Hé.11: 39-40
Texte pour la classe: Ge.12 :1-5
Texte d'or: Hé.4 :15
Méthodes: histoire, comparaisons, questions
But : Présenter Abraham comme un serviteur de Dieu aussi faible que nous.

Introduction
Comment un babylonien peut-il devenir un bon ami de Dieu? Faisons parler la bible.

I- C'était Abram.
1. Il voulut connaitre le vrai Dieu. Alors Dieu se révèle à lui sur la base d'une consécration totale. Ge.12: 4-5
2. Il l'envoya jusqu'à Canaan, loin de son pays, pour qu'il n'ait aucune envie d'y retrouner. Là, Abram lui bâtit un autel. Ge. 12: 7
3. Dieu le bénit en privé. Ge.15: 5
4. Il lui a donné un enfant dans sa vieillesse et le lui a redemandé en sacrifice. Abraham n'a pas hésité une seconde à le lui offrir. Ge.22: 2
5. Abraham fit choisir une fiancée pour son fils parmi les membres de sa famille.
    a. Pour le respect de sa foi religieuse, ill ne veut pas d'une idolâtre.
    b. Pour le respect de son entité juive, il tient à conserver la lignée de la promesse. Ge.24: 2-4

II- **Sa faiblesse humaine**: il était menteur:
1- Il ordonna à Sara, sa femme de s'identifier comme sa sœur de peur d'être tué par des étrangers à cause d'elle. Ge.12:11 ; 20 :1-7
2- Sara était stérile. Abraham a accepté d'avoir un enfant de sa servante Agar, une négrèsse égyptienne, sur la demande de Sara. Ismaël, le père des arabes est né de cette union. Ge.16:1-3,12
3- Pour plaire à Sara, il renvoya Agar et son fils Ismaël avec un pain et une cruche d'eau pour toutes ressources. Ge.21:14.

III- **Sa grandeur**: il crut toujours en Dieu:
1- Il accepta ses reproches même dans l'âge mur. Ge.17:1
2- Dieu donc l'honore comme père de la foi. Hé.11: 17-19
3- Un coin du ciel portera son nom. Lu.16:.22

Conclusion
Puisqu'il était comme nous, cessons de regarder à nos faiblesses et confions-nous dans la miséricorde de notre Dieu.

Questions

1- Que recherchait Abraham ?   Le vrai Dieu

2- Quelle était son idée de Dieu ?   Dieu est immatériel

4. Quel était son premier geste dès son arrivée en Canaan ? Il lui bâtit un autel.

4. Qui était Agar ?   Une négrèsse, servante de Sara

3- Comment s'appelait son fils né d'Agar ? Ismaël

4- Quelle était la faiblesse d'Abraham ?
Il était menteur

5- Pourquoi Dieu l'a t'il aimé ?
Il avait la foi en lui

6- Pourquoi a t'il envoyé son intendant chercher dans sa patrie une fiancée pour son fils ?
Par respect pour sa foi religieuse et l'intégrité de la race juive.

7- Comment Dieu a t'il appelé une des demeures dans le ciel ? Le sein d'Abraham.

Leçon 2
Job, Le Champion De La Souffrance

Textes pour la préparation: Job.1: 1-17; 2:11-13; 3:25; 4:7; Chap.38 a 41; 42:1-17
Texte pour la classe : Job. 1: 1-5; 42: 1-6
Texte d'or: Lu.12 :15
Méthodes: discours, comparaisons, questions
But: Montrer que tout homme peut être Job, mais que Dieu en l'homme fait la différence.

Introduction
Sans nul doute, Job a vécu dans la société patriarchale où le père était «le pasteur» de la famille. On ne parle pas encore de loi ou de tabernacle à son époque. Job 1:1, 3,6, 15,17. Au fait, qui était Job?

I- Un homme intègre et droit
1. Il était « le pasteur » de sa famille. Job.1:5
2. Malgré ses richesses, il craignait Dieu et se détournait du mal. Job.1:1
3. Satan sollicita de Dieu un mandat pour aller et le persécuter. Dieu le lui accorda avec des restrictions. Job.1: 12
4. Dans sa détresse, Job a gardé la foi. Job.2:9

II- Un homme courageux dans la souffrance
Il connut l'incompréhension de son entourage: Job.4:7
1- En vain Satan anima ses faux amis pour l'incriminer. Job.6:14-15
2- En vain sa femme le méprisait et lui menait une vie pénible. Job. 19:17

3- Malgré ses ulcères de la peau comme une conséquence des troubles psychosomatiques, Job gardait la foi. Job 7:4-5

III- Ses erreurs
1. Il croyait que la richesse était une récompense à la piété et que leur perte était un châtiment divin. Job. 3:25
2. Il croyait aussi que la mort des jeunes était un des plus grands châtiments car à cette époque là, on vivait longtemps. Job.42: 16-17
3. Il se croyait juste, même au-dessus de tout blâme. Job. 31:6

IV. Sa réhabilitation.
1. Dieu se révèle à lui en l'instruisant. Job.38:3
2. Dès lors, il s'humilie et se repentit. Job.42:5-6
3. Alors Dieu le rétablit dans son état premier en lui donnant le double de ce qu'il possédait et des enfants dignes pour l'honorer dans sa blanche vieillesse. Job.42: 10-13

Conclusion
Job était de ceux-là qui servent Dieu parce que tout va bien. Qu'est-ce-que vous attendez pour changer d'avis?

Questions

1- Job a t-il vraiment existé?
Oui, car la Bible en a situé le lieu et l'époque

2- Quel était son caractère moral?
Il était un homme intègre et droit

3- Pourquoi Satan voulut il le perdre?
Par jalousie

4- Quelle était l'attitude de Job dans la souffrance? Il glorifiait Dieu

5- Quelle était son erreur?
Croire que la richesse était une récompense à la piété

6- Quand fut il converti?
Après une expérience personnelle avec Dieu.

7- Que fit Dieu alors?
Il lui donna d'autres enfants, des richesses et une longue vie.

Leçon 3
Lot, Le Rescapé De Sodome

Textes pour la préparation: Ge.13:1; 24:1-4 ; Chap. 19; 2Pi. 2:7 ; Ps.1:1
Texte pour la classe: Ge.19: 15-26
Texte d'or: Ps.1 :1
Méthodes: histoire, comparaisons, questions
But: Montrer les dangers qu'on peut encourir quand on vit dans un milieu corrompu.

Introduction
En préférant Sodome comme lieu de résidence, Lot a choisi un mauvais sort sans le savoir. Sa séparation d'avec son oncle Abraham va occasionner toutes les folies de jeunesse. Voyons :

I. Sa jeunesse.
1. Il vivait dans l'opulence. Ge.13:5, 6
2. Il se croyai trop riche pour demeurer avec son oncle Abraham. Il déménagea pour aller habiter à Sodome.
3. « Assis à la porte de la ville » signifie qu'il était un notable. C'était pour son malheur car *Il était plutôt assis en compagnie des moqueurs.* Ge.19:1; Ps.1:1
4. Comme résultats, il perdit sa femme et deux de ses filles mariées à des sodomites. Ge.19: 14, 17, 26

II- Son caractère moral.
    a. Il recevait des extraterrestres avec tout le respect des lois de l'hospitalité de son époque. Ge.19 :2

    b. C'est pourquoi il a préféré offrir ses deux filles aux homosexuels plutôt que de livrer ses hôtes à leur merci. Ge.19:8
    c. Ses filles vierges qui le suivaient dans son évasion, avaient des sentiments pervers: elles eurent des enfants de leur père qu'elles ont saoulé. Moab et Ammon sont les fruits incestueux de ces unions. Ge.19:31-38

III- Son caractère spirituel.
1. La Bible dit qu'il était juste: c'est à dire qu'il craignait Dieu. 2Pi.2: 7

IV- Lot était de la même nature que nous :
1. Il ne pouvait empêcher à sa femme d'être mondaine.
2. Il ne pouvait soustraire ses filles à l'influence des mœurs dépravées auxquelles elles étaient exposées.
3. En dépit de tout, il a gardé la foi en Dieu.

Conclusion
Qu'est ce que Dieu peut dire de vous?

Questions

1- Qui était Lot? Neveu d'Abraham

2- Quelle était sa situation économique à Canaan? Il était très riche

3- Que veut dire " assis à la porte de la ville"
Il était un notable de Sodome

4- Qui étaient ses beaux-fils? Des inconvertis

5- Quel était l'état moral des gens de Sodome ?
Ils étaient des homosexuels.

6- D'ou viennent les Ammonites et les Moabites?
De l'union incestueuse de Lot et de ses deux filles.

7- Que peut-on reprocher à Lot?
Son ivrognerie, son manque d'autorité paternelle

8- Que peut-on apprécier en lui? Sa foi en Dieu

Leçon 4
Jacob, Le Trompeur

Textes pour la préparation: Ge.25: 24-34; Chap. 27; 28: 10-22; Chap. 30; 31:8-11; 32:13-19, 26-27; 33:10; Jac. 4:6
Texte pour la classe: Ge. 27:18-24
Texte d'or: 1Jn.1 :9
Méthodes: histoire, comparaisons, questions
But: Montrer que la confession sincère de nos fautes nous attire la miséricorde de Dieu.

Introduction
Qui était Jacob ?

I- Un enfant dorloté par sa mère. Ge.25: 28
Jacob était le favori de Rébecca parce qu'il aimait garder la maison.
1. Cependant, elle lui apprenait à mentir. Ge.27: 11-16
2. Elle était son complice pour voler les bénédictions d'Esaü, le frère ainé.

II. Un enfant qui n'a pas oublié Dieu. Ge.28:20-22
1. Quand il devait laisser la maison paternelle pour fuir la colère d'Esaü, il rencontra Dieu sur son chemin. Et c'est alors qu'il confessa le vol de ses dîmes, qu'il fit vœu de les restituer et de servir Dieu fidèlement.
2. Après 20 ans de travail chez Laban son beau-père, il rencontra encore Dieu sur son chemin. Il lutta avec Lui pour être béni. Ge.31: 41; 32: 24-28

3. Il engagea les membres de sa famille à se dépouiller pour servir Dieu. Ge.35:1-7
4. Il bâtit un autel à Dieu comme promis. Ge.35:7

III. Un frère qui n'a pas oublié de réparer ses torts. Ge.33: 8-11
1. A son retour, il fit des tentatives de réconciliation avec Esaü en lui faisant des concessions énormes: Ge.32:13-19
2. Il signa la paix avec lui. Ge.33:10

IV. Jacob était comme vous et moi.
1. Il se reconnait menteur. Ge.32: 27
    a. En achetant de son frère le droit d'aînesse pour un prix dérisoire. Ge.25: 29-31
    b. En confirmant ce droit par ruse. Ge.27: 24-31
    c. En trompant son beau-père Laban quand il transférait presque tout le bétail sous son nom. Ge.30: 41-42
    d. En dépit de tout, il croit dans le pardon de Dieu. Ge.32:26

Conclusion
Sachez que Dieu ne s'arrête pas sur nos défauts quand nous les confessons, mais son jugement est certain sur les orgueilleux. Ja.4:6

Questions

1- Pourquoi Rébecca aimait elle Jacob?
   Parce qu'il aimait garder la maison

2- Donnez une preuve de son amour pour Jacob.
   Elle l'aida à mentir pour voler les bénédictions d'Esaü, son frère

3- Quand Jacob fut il converti?
   Au moment de sa rencontre avec Dieu.

4- Comment prouve-t-il sa repentance ?
   Par la confession de ses fautes et la promesse de restitution

5- Que fit-il pour obtenir le pardon de son frère?
   Il fit des concessions énormes

6- Citez les fautes de Jacob.
   Il a trompé son père, son frère et son beau-père

7- Quels étaient ses points forts?
   La confession de ses fautes et la foi dans les bénédictions de Dieu.

Leçon 5
Moise, Un Visionnaire

Textes pour la préparation: Ex. Chap. 2, 3,4; 14:14-15; 16: 4; 17:6; 18: 13; 24:5; Lé. 19:31; No. 20:10-11; Ac. 7:22-23
Texte pour la classe: Ex. 3:1-8
Texte d'or: De.34 :10
Méthodes: histoire, comparaisons, questions
But: Montrer l'étendue de la puissance de Dieu dans une vie totalement consacrée.

Introduction
Voulez-vous savoir aujourd'hui ce que Dieu peut faire d'une vie consacrée? Choisissons Moïse.

I- 40 ans à la cour d'Egypte Ac.7:23
1. Il fut élevé par sa mère aux frais du Pharaon. Ex.2: 8-11
2. Il fut élevé aussi dans toute la sagesse des égyptiens. Ainsi, il était versé dans l'astrologie et la magie. Ac.7: 22-23
3. Il croyait pouvoir libérer ses frères de l'esclavage par la force. Il dut s'enfuir dans le désert de Madian. Ex. 2:11-15

II. 40 ans dans le séminaire de Dieu Ac.7:30
1. Dans la diaspora madianite il se maria et fit la connaissance du Dieu de ses pères dans l'expérience du buisson ardent. Ex.3:14
2. Et voici il va apprendre :
    a. A dominer ses faiblesses. Ex.4:10
    b. A dominer la matière. Ex.4:2-7
    c. A dominer les hommes. No.16: 28-32

    d. A dominer les événements. Ex.14:14-15
    e. Finalement, il émancipera les hébreux par l'épopée de la Mer Rouge.

III. **40 ans dans le désert avec les enfants d'Israël Act.7:36**
    1. Maintenant Il nourrit des milliers chaque jour. Ex.16:4; 17:6
    2. Il les juge et les élève comme ses enfants. Ex.18:13
    3. Il témoigne devant eux que l'Eternel est le seul vrai Dieu. Lé.19:31

IV- **Ses erreurs d'homme**
Il croyait que pour délivrer un peuple il fallait être fort et éloquent. Il a échoué !
Ex.2:14-15 ; 4 :10 ; .No. 20:11
Il s'attribua les mérites de Dieu et fit des excès regrettables. No.20: 8,10

Conclusion
Voulez-vous être comme lui ? Si oui, il y a un prix à payer : Le prix de l'humilité. Si vous êtes d'accord, dites « Seigneur, me voici. »

Questions

1. Combien de temps a vécu Moise? 120 ans

2. Qui l'a éduqué ? Sa mère

3. Qui l'a instruit? Les égyptiens

4. Quelle était son ambition?
   Délivrer son peuple de l'esclavage

5. Comment Dieu l'a-t-il préparé pour cette tache?
   Il l'a appris à dominer ses faiblesses, à dominer les hommes, les choses et les événements.

6. Quelles étaient ses erreurs?
   Croire qu'il pouvait sauver le peuple par sa propre force.

7. Où a t-il appris à délivrer le peuple?
   Au séminaire de Dieu.

8. Combien de temps a t'il passé dans ce séminaire?
   40 ans.

9. Est ce qu'un homme bègue peut délivrer un peuple?
   Posez la question à Dieu, il vous répondra.

Leçon 6
Josué, Serviteur De Moise

Textes pour la préparation: Ex.17:8-9; 24 :13 ; 32: 15-17; No.14:6; De. 31:7-8; Jos.1: 1-11; 6:20,24; 8:21-26; 9: 14-26; 10:6-14; 11:23; Chap.13 a 22; 24: 14-15; Ph.4: 6
Texte pour la classe: Jos.1:1-9
Texte d'or : Ps.16 :8
Méthodes: histoire, comparaisons, questions
But: Montrer comment nous ne devons jamais négliger de faire notre devoir malgré les erreurs que nous pourrions commettre sur notre chemin.

Introduction
Dieu a désigné Josué comme successeur de Moise. Pourquoi ce choix ?

I- **D'abord pour son caractère**
1. Il était un militaire devoué et courageux.
    a. Il vainquit l'armée d'Amalek après une journée entière de combat. Ex.17:9, 10, 13
    b. Il était avec Moise quand Israel fabriquait le veau d'or. Ex.24 :13;32:15-17
2. Il était pénétré de ses enseignements pendant 40 ans en Egypte et 40 ans au désert. De.31:7-8; Jos.1:7
3. Il savait profiter des erreurs de son maître pour ne pas les répéter. Jos.1: 11
    Il a décidé de faire en trois jours ce que Moise n'avait pu faire en 40 ans.

II- **Puis sa mission**
1. Il devait conquérir la Terre promise :

      a. D'abord par la destruction de Jéricho, une ville fortifiée. Jos. 6: 20-24
      b. Ensuite par la conquête d'Aï. Jos. 8:21-22
         N.B. Les guerres d'expansion durèrent longtemps. Jos.11:16-19
  2. Etablir les 12 tribus d'Israël dans leur territoire. Jos. Chap. 13 à 22
  3. Maintenir l'adoration du vrai Dieu au milieu du peuple d'Israël. Jos. 24:14-15

III. Son erreur: Il a fait alliance avec les Gabaonites sans prier Dieu. Jos. 9:14-15
Il accepta son erreur et se confie en Dieu pour la corriger. Il défendit Gabaon malgré tout. Il reçu le trophée de la foi quand il arrêta le soleil et la lune dans leur course. Jos.10:6-7, 12-14

IV. Ce qu'il nous apprend :
  1. Indirectement à prier avant de décider de toutes choses. Jos. 9:22
  2. A respecter notre signature dans un contrat, même à notre désavantage. Jos.9:26
  3. A défendre un conjoint même infidèle, à prendre soin de lui malgré les circonstances.

Conclusion
Imitez votre leader et tachez à le surpasser.
Dieu est avec vous!

Questions

1- Quel était le rôle de Josué sous Moise?
   Commandant en chef de l'armée

2- Quelle était sa mission?
   Conquérir la Terre de Canaan, Etablir les 12 tribus d'Israël dans leur territoire

3- Quel a été son point fort ?
   Il avait une grande foi

4- Quelle était son erreur?
   Il avait accepté les Gabaonites sans prier Dieu.

5- Pourquoi n'a t'il pas rejeté les Gabaonites?
   Pour le respect de la parole d'honneur.

Leçon 7
Gédéon, Un Jeune Consacré

Textes pour la préparation: Ex. 28:6-14; Jg. Chap. 6 à 8
Texte pour la classe: Jg.8:22-27
Texte d'or: Jg.8:27
Méthodes: histoire, comparaisons, questions
But: Montrer comment Gédéon a renouvelé l'idolâtrie en Israël parce qu'il a oublié de prier Dieu avant de décider.

Introduction
Les circonstances font naître le héros. Cet adage est bien vrai dans la vie de Gédéon. Comment fit-il son apparition sur la scène politique d'Israël ?

I- Circonstances
1. Les madianites opprimaient Israël. Jg.6:11-12
2. Avec un sentiment patriotique, il préserva les biens de la famille de la rapacité des Madianites. Jg.6 :11

II- Intervention de Dieu.
1. Dieu se révéla à lui en plein jour et le félicita. Jg.6:12
2. Dieu lui donna des preuves de sa présence par des signes. Jg.6 :17
   a. *Premier signe* : Il mangea des mets que Gédéon lui avait préparés. Jg.6 :19-20
   b. *Deuxième signe*. Il mouilla la toison et laissa le terrain à sec. Jg.6 :37
   c. *Troisième signe*. Il mouilla le terrain et garda la toison à sec. Jg.6 : 39

d. Gédéon pouvait alors détruire le houmfort de son père. Jg.6:30-32
   e. Avec une sélection divine de 300 soldats il tua 120,000 Madianites. Jg.7 :7 ; Jg.8:10

III- **Son erreur d'homme**:
   1. Après cette victoire, il collecta du peuple de l'or pour confectionner un éphod sans demander à Dieu aucun signe. Jg.8: 24-27
   Les enfants d'Israël adoraient l'éphod et se livraient à la prostitution. Dans leur chute, ils revinrent au culte de Baal et n'eurent aucun attachement ni pour l'Eternel ni pour la maison de Gédéon. Jg. 8: 33-35

Conclusion
Ne vous attardez pas sur les fautes de vos frères, mais tirez-en des leçons pour ne pas les répéter.

Questions

1- Quel compliment Dieu fit-il à Gédéon?
   Il l'appelle vaillant héros.

2- Citez 3 signes qu'il demandait à Dieu.
   Les deux signes de la toison et le repas que Dieu accepte de sa main

3- Quelle était son erreur? La confection de l'éphod sans la permission de Dieu

4- Qu'en fit le peuple d'Israël? Un dieu qu'ils adorent.

5- Quelle en était la conséquence? Israël se livrait à la prostitution. Il oubliait et l'Eternel et Gédéon

Leçon 8 - David, Un Roi Humble

Textes pour la préparation: 1S.13:14; Chap.17; 23:13; 2S.3:13; 5:3-6; 8:3; 11:1-11; 12: 9-18; 13:14; 17: 14, 23; 18:15; Ps.51
Texte pour la classe: 2S.11; 1-11
Texte d'or : Ps.51 :1
But: Montrer que le crime odieux de David ne lui aliène pas l'estime de Dieu.

Introduction
Qui aurait cru que David, ce brave, ce vainqueur tiré de la bergerie et élevé à la royauté,...serait un homme humble? Je ne m'en reviens pas!

I- Voyons ses Exploits
1. Muni seulement d'une fronde, il vainquit le géant Goliath, un vétéran de guerre. 1S.17:50
2. Il se déroba aux poursuites de Saul avec son escorte de 600 hommes. 1S.23:13
3. Il concilia les deux partis politiques (la maison de Saul et la maison de David à la mort du Roi Saul. 2S.3:13; 5:3-6.
4. Grâce à l'unité nationale, il a pu accomplir la promesse de Dieu à Abraham en étendant l'empire davidique dans toute la Palestine jusqu'aux rives de l'Euphrate.
Ge.15 :18 ; 2S.8:3

II- Et maintenant ses erreurs d'homme.
1. Il a mal choisi sa période de vacances. 2S.11:1
2. Il laissa son lit à une heure inappropriée 2S.11:.2

Conséquences **I**
Il tomba dans l'adultère avec Batsheba, la femme d'Urie, un de ses officiers. 2S.11:3
- a. Pour étouffer le scandale, il fit tuer Urie 11:7-11
- b. Urie périt en héros, alors que David triomphe en lâche. 2S.11: 15-17

Conséquences **II**
- a. L'enfant né de cette union mourut. 2S.12:18
- b. Amnon, un des fils du roi, viola sa sœur Tamar. 2S. 13: 14
- c. Absalom, le frère de Tamar tua Amnon, 2S.14 :28-30
- d. Enfin, David fut trahi par Achitophel, son meilleur conseiller et l'oncle de Batsheba. 2S.16 :23 à 2S.17 :1,14

III- **Sa repentance**:

1. Tout Roi qu'il fut, il se courba devant le verdict de Nathan, l'homme de Dieu. 2S.12:9-12
2. Il s'humilia devant Dieu dans l'expression du Psaume 51.
3. Il restera pour toujours, un homme selon son cœur, car Dieu fait grâce aux humbles 1S.13:14

Conclusion

Nous ressemblons à ce roi à plus d'un titre. Dieu l'a récupéré. Récupérons nos frères repentants.

Questions

1- Quelles étaient les qualités spirituelles de David? L'humilité et la foi

2- Citez 3 victoires de David
Le meurtre de Goliath, son règne sur tout Israël, son royaume sur toute l'étendue de la Palestine.

3- Citez deux de ses erreurs
Des vacances à des heures inopportunes. L'adultère avec BatSheba

4- Quelles en furent les conséquences?
L'enfant mourut, Amnon viola Tamar, Absalom le persécuta. Achitophel le trahit.

5- Comment montra-t-il sa repentance?
Il s'humilia devant Dieu.

Leçon 9
Elie, Un Homme De Foi Extraordinaire

Textes pour la préparation: 1R. Chap 17 à 22; 2R.1 :1-18 ; 2R.2:1-11; 9: 30-37; Ja.5:17
Texte pour la classe: 1R.19:1-7
Texte d'or: Ap.2 :11c
Méthodes: histoires, comparaisons, questions
But: Montrer l'estime de Dieu pour le prophète malgré son intransigeance.

Introduction
Elie était de la même nature que nous, dit la Bible. Qui était-il? Ja.5:17

I- **Voyons son caractère naturel: il était intransigeant.**
   1. **Envers la nation d'Israël** .1R.17:1
      Il décréta une sécheresse générale pour sanctionner le péché d'Israël. 1R.17:1

   2. **Envers le Roi Achab lui-même.** 1R.18:18
      Il accusait le roi Achab d'être l'auteur du désastre pour son mauvais emploi de l'économie nationale. 1R.18:19

   3. **Envers les bocors**: Il les décapita après l'épopée du Mont Carmel. 1R.18 :40

   4. **Envers les soldats** venus pour l'arrêter sur l'ordre du Roi. Il commanda le feu du ciel qui les brûla tous. 2 R.1:10-12

II- **Caractère spirituel: il avait une grande foi en Dieu.**
1- La face de Dieu était son adresse. 1R.17:1
2- Il ne craignait personne. 1R.18:19
3- Il croyait en la réponse immédiate de Dieu à sa prière. 1R. 18 :36-39
4- Il acceptait le repas des corbeaux et l'hospitalité chez une veuve plutôt que de manger en compagnie des prophètes de Baal. 1R.17: 4-10

III- **Sa faiblesse : il était de la même nature que nous.**
1- Il était momentanément frappé d'orgueil spirituel : Il se croyait indispensable. 1R. 19:3, 9-10
2- Il prit la fuite devant la menace d'une femme. 1R.19:4
3- Dieu l'aima et l'honora malgré tout. Pourquoi?
   a- Pour sa foi, son courage, sa conviction. 1R.17: 27, 36 Il n'avait pas trahi Dieu devant les païens. 1R.17:23-24
   b- Pour son obéissance: Il accepta littéralement sa révocation et la nomination de son serviteur Elisée pour successeur. 1R.19:16

Conclusion : Elie n'est plus, mais son témoignage demeure. Découvrons-nous devant ce titan spirituel.

Questions

1- Qui était Elie? Un homme comme nous

2- Quel était son caractère naturel?   Intransigeant

3- Quel était son caractère spirituel?
Il avait foi en Dieu

4- Quelle était sa faiblesse?
Il croyait que le feu était la seule méthode de Dieu pour délivrer, qu'il était important et même indispensable

5- Comment Dieu a t'il nourri son prophète?
Par des corbeaux, par les soins d'une veuve

6- Qui était son successeur?   Elisée, son serviteur

7. Quel était son but de prière pendant trois ans et demi? Que la pluie ne tombât pas sur la terre jusqu'à nouvel ordre.

Leçon 10
Elisée, Un Prophète D'une Foi Exceptionnelle

Textes pour la préparation: 1R.19; 2R.2; 2R.3: 9 á 8:15
Texte pour la classe: 1R.19:19-21
Texte d'or: 2 R.2:9b
Méthodes: histoires, comparaisons, questions
But: Dieu peut utiliser quiconque se confie en son pouvoir.

Introduction

Elisée était un serviteur qui a surpassé son maître. C'était d'ailleurs son rêve. Comment? Il demanda au prophète de lui léguer une double portion de sa puissance. Parlons de lui.

I. **Son identité**
   1. Serviteur d'Elie, fils de Schaphath. 1R.19: 16,19
   2. Commissionné par Dieu et investi par Elie son doyen. 1R.19: 16,19
   3. Etudiant au séminaire, toujours attaché à Elie, son professeur. 2R.2: 1-6

II. **Son caractère social.**
   1. Il était hardi comme son maître. Voyez sa réaction contre les officiers du roi. 2R.6: 32
   2. Très sobre en parole, il vivait pourtant au sein de sa société, contrairement à Elie le prophète solitaire. 1R. 18: 10 ; 2R1 :8
   3. Très combatif: il défendait la cause d'une veuve devant le roi Joram. 2R.8:1-6

4. Très sociable : Il accompagnait les étudiants dans leur pique-nique au bord du Jourdain. 2R.6:1-4

IV. **Son caractère spirituel.**
  1. **Il avait l'ambition de servir Dieu.** Voilà pourquoi il réclame d'Elie une double portion de puissance. 2R.2 :9
  2. **Il était très consacré**: A l'appel du prophète Elie, il se consacrait totalement au saint ministère. Et pour preuve, il prit l'attelage des bœufs et en fit cuire leur chair en holocauste à l'Eternel. 1R.19:19-21
  3. **Il observait un sang froid calculé devant ses adversaires**: 2R.2:23-25

Conclusion
Tout humble serviteur de Dieu aurait pu connaître cette promotion. Mais si Dieu a besoin de vous maintenant, peut-il avoir vos nom et adresse?

Questions

1- Qui était Elisée?
Serviteur d'Elie, fils de Schaphath

2- Quel était son tempérament?
Autoritaire

3- Citez trois traits de son caractère spirituel.
Il était ambitieux de servir Dieu ; il était consacré et clément

4- Que fit Dieu de ceux-là qui se moquaient du prophète?
Il detacha des ours pour les dévorer.

Leçon 11
Elisée Ou Elie Multiplié Par Deux

Textes pour la préparation: 2R.2: 14, 22-24; 4: 6,7, 18, 40-44; 5:14; 6:7,21-23; 7:1; 13: 20-21; Jn.14:12
Texte pour la classe : 2 R.2: 8-11
Texte d'or: 2 R.2:9
Méthodes: comparaisons, questions
But: Donner la preuve qu'il avait reçu la double portion de puissance.

Introduction
Qu'il y ait sur moi, je te prie, une double portion de ton esprit. Quelle demande Extraordinaire! Comparons leur ministère. 2R.2:11

I. Six miracles du Saint Esprit par le prophète Elie. 1Roi
1. Trois ans et demi de sécheresse prédite 1R.17:1
2. La farine et l'huile à l'infini chez la veuve de Sarepta. 1R. 17 :16
3. La résurrection de son fils. 1R.17 :.23
4. Le miracle du Mont Carmel. 1R.18:38
5. Le feu sur les 102 soldats venus par groupe de 51 pour l'arrêter. 2R.1:14
6. La séparation des eaux du Jourdain à l'aide d'un manteau. 2R.2:8

II. Douze miracles du Saint Esprit par le prophète Elisée. 2 Roi
1. Le miracle du manteau d'Elie répété. Il traversa le Jourdain 2R.2:14
2. L'assainissement des eaux de Jéricho. 2R. 2:22
3. Le châtiment des moqueurs. 2R.2:24

4. L'huile en permanence chez la veuve du prophète. 2Roi. 4:6-7
5. La résurrection du fils de la Sunamite. 2R.4:33-37
6. L'assainissement des aliments empoisonnés. 2R. 4:40-41
7. La multiplication des pains à Guilgal. 4:42-44
8. La guérison de la lèpre de Naaman. 2R. 5:14
9. Le fer surnagé du tréfonds des eaux du Jourdain. 2R.6:7
10. L'arrestation d'une armée syrienne au moyen de la parole. 2R. 6:21-23
11. De la nourriture en abondance prédite et servie pendant une période de sécheresse dans la ville de Samarie. 2R. 7:1
12. Le miracle de la résurrection d'un mort enterré dans sa tombe. 2R.13:20-21

Retenez que la vertu des miracles ne résidait pas dans le manteau, mais dans sa relation avec l'Eternel, le Dieu d'Elie. 2R.2 :14

Conclusion

N'en restons pas là. La même puissance est à notre disposition depuis la victoire de Jésus-Christ sur le calvaire. Répondons présents à son appel.

Questions

1- Citez 5 miracles d'Elie :
   a. Le miracle du feu sur l'offrande au mont Carmel
   b. Le feu sur les 102 soldats venus pour l'arrêter
   c. La résurrection du fils de la veuve à Sarepta
   d. La pluie interdite pendant 3 ans et 6 mois jusqu'à nouvel ordre.
   e. La farine et l'huile en abondance pour la veuve de Sarepta.

2- Citez 5 miracles d'Elisée
   a. Le châtiment des moqueurs
   b. L'huile en permanence chez la veuve du prophète.
   c. La résurrection du fils de la Sunamite
   d. L'assainissement des aliments empoisonnés
   e. Les eaux polluées rendues potables

3- D'où lui vient son pouvoir?
   Du Saint Esprit

4- D'où vient notre pouvoir ?
   Du Saint Esprit

Leçon 12
Esther, Une Femme Comme Les Autres

Textes pour la préparation: Tout le livre d'Esther
Texte pour la classe: Est.4:15 a 5: 1-7
Texte d'or: Est. 4:16
Méthodes: comparaisons, questions, vidéo
But: Montrer comment une belle femme peut réussir sans trahir sa vertu.

Introduction
Une femme peut-elle tourner une malencontreuse situation à son avantage? Entrons à la cour du roi Assuérus et faisons la connaissance d'Esther. Qui était-elle ?

I- L'éducation d'Esther.
1. Elle fut une juive déportée dans la diaspora assyrienne. Est. 2:6
2. Orpheline de père et de mère, elle fut élevée par son cousin Mardochée. Est. 2: 5-7
3. Elle fut sélectionnée comme reine mondiale parmi 127 candidates pour remplacer la reine Vasthi déposée à cause de son impertinence. Est.1 :19-21 ; 2:17

II- L'effet de sa beauté à la cour du Roi Assuérus.
1. Elle conquit le cœur du roi qui la couronna reine mondiale. Est. 2:17
2. Et comme conséquences:

      a. Le roi fit un grand festin pour célébrer cet avènement. Est. 2:18
      b. Il réduit les taxes des provinces.
      c. Il fit des largesses à plusieurs. Est. 2:18

III- Le secret d'Esther.
Elle avait le secret de se faire désirer. Comment?
1- Son cousin Mardochée lui avait demandé de taire son origine. Est. 2:19-20
2- Lorsque Haman décréta la perte des juifs vivant en Perse, (1) elle jeûna et pria puis elle agit. Est.5:1
3- Ainsi quand elle se présenta devant le roi, son visage resplendissait de beauté spirituelle. Est.4:16; 5:1-3
4- Lorsque le roi lui offrit la moitié de son royaume, elle demanda plutôt la vie pour son peuple. Est. 5:4-8
5- Esther fit sa demande au roi seulement au second jour en accusant Haman l'instigateur de la perte des juifs.

Conclusion
Voulez vous être comme Esther? Faites transparaître la beauté spirituelle dans votre visage et dans votre attitude.

Questions

1- Qui était Esther? Une juive déportée en Perse

2- Qui était Mardochée ?
Son cousin et son père adoptif

3- Pourquoi fut elle choisie parmi 127 candidates?
Pour sa beauté

4- Combien de temps devait-elle soigner sa beauté en vue du concours? Douze mois

5- Qu'est ce qui l'a rendue si belle?
Trois jours de jeûne dans la présence de Dieu

6- Que fit le Roi au jour de l'ascension de la reine?
Il fit un grand festin, diminue les taxes des Provinces et fit des libéralités.

7- Dites ce qui intéressait Esther:
___ la moitié du royaume
___ les plaisirs du monde
___ La vie pour son peuple

8- Pourquoi n'a telle pas révélé son origine?
Pour obéir à Mardochée, son père adoptif

9- Comment expliquer sa maîtrise?
Elle attend 2 jours pour produire sa demande au roi

10- Comment imiter Esther?
Soignez d'abord votre beauté spirituelle.

Récapitulation des versets

Leçons   **Sujets**   **Versets**

1. Abraham, Le Premier Juif   He.4 :15
Car nous n'avons pas un Souverain Sacrificateur qui ne puisse compatir à nos faiblesses ; au contraire, il a été tenté comme nous en toutes choses sans commettre de péché.

2. Job, Le Champion De La Souffrance   Lu.12 :15
Puis il leur dit : gardez-vous de toute avarice ; Car la vie d'un homme ne dépend pas de ses biens, serait' il dans l'abondance.

3. Lot, Le Rescapé De Sodome   Ps.1 :1
Heureux l'homme qui ne marche pas selon le conseil des méchants, qui ne s'arrête pas sur la voie des pécheurs et qui ne s'assied pas en compagnie des moqueurs.

4. Jacob, Le Fieffé Coquin   1Jn.1 :9
Si nous confessons nos péchés, il est fidèle et juste pour nous
les pardonner et pour nous purifier de toute iniquité.

5. Moise, Un Visionnaire   Ex.3:3
Il n'a plus paru en Israël de prophète semblable à Moise, que L'Eternel connaissait face a face.

6. **Josué, Le Serviteur De Moise**　　　　Ps.16 :10
J'ai constamment l'Eternel sous mes yeux ; Quand il est ma droite, je ne chancelle pas.

7. **Gédéon, Un Jeune Homme Consacré**　Jg. 8:27
Gédéon en fit un éphod, et il le plaça dans sa ville à Ophra où il devint l'objet des prostitutions de tout Israël; et il fut un piège pour Gédéon et pour toute sa maison.

8. **David, Un Roi Humble**　　　　　　Ps.51 :1
O Dieu, aie pitié de moi dans ta bonté selon ta grande miséricorde !

9. **Elie, Un Homme De Dieu De Très Grande Foi.**
　　　　　　　　　　　　　　　　　1R. 18: 36
Au moment de la présentation de l'offrande, Elie, le prophète, s'avança et dit: Eternel, Dieu d'Abraham, d'Isaac et d'Israël, que l'on sache aujourd'hui que tu es Dieu en Israël, que je suis ton serviteur, et que j'ai fait toutes ces choses par ta parole!

10. **Elisée, Un Prophète D'une Foi Audacieuse**
　　　　　　　　　　　　　　　　　2R. 2:9
Lorsqu'ils eurent passé, Elie dit à Elisée: demande ce que tu veux que je fasse pour toi, avant que je sois enlevé d'avec toi. Elisée répondit: qu'il y ait sur moi, je te prie, une double portion de ton esprit!

11. Elisée, Elie Multiplié Par Deux.   2R. 2:9

Lorsqu'ils eurent passé, Elie dit à Elisée: demande ce que tu veux que je fasse pour toi, avant que je sois enlevé d'avec toi. Elisée répondit: qu'il y ait sur moi, je te prie, une double portion de ton esprit!

12   Esther, Une Femme Comme Les Autres
Est 4:16

Moi aussi, je jeûnerai de même avec mes servantes; puis j'entrerai chez le roi malgré la loi; et si je dois périr, je périrai.

Série 4
Vous adorez ce que vous ne connaissez pas

Avant-propos

Dieu se nomme: "Je suis". Il s'introduit comme tel à Moise.
Il se révèle ainsi comme le Dieu incarné:
Honte à vous qui adorez ce que vous ne connaisez pas !
Ces leçons vont nous permettre de découvrir plusieurs aspects de sa déité, non seulement dans son essence absolue mais encore dans ses relations avec l'homme.

Daigne ces leçons nous rapprocher de celui qui nous a créés à son image.

L'auteur

Leçon 1
Je suis

Textes pour la préparation: Ge.1:1; Ex. 3:1-6; 20:6; 34:6:Lé.19:28;Job.37:7;Ps.150:2;Es.9:5;Mat.3:17;17:5; chap.5,6;Jn.1:14;5:17;8:12,48;11:25;14:6;16:13;Ro.1:20; 2Cor.1:22; Ep.1:13; 4:30; 1Ti.1:19
Texte pour classe: Jn.1:1-5
Texte d'or: Jn.1:1
But: Démontrer que Jésus est éternel.
Méthodes: discours, comparaisons, Questions

Introduction
Il est curieux de voir que Jésus s'attribue les mêmes titres que Dieu le Père. Renseignons-nous par la Bible.

I- Je Suis : Nom de l'Eternel:
1. Il s'introduit à Moise sous le vocable " Je suis" Ex.3:14
2. Il n'a ni commencement ni fin, ni enfance ni vieillesse. Il vit hors du temps. Il vit dans l'éternité. Jésus se nomme « Je suis » (Je suis la lumière du monde, le pain de vie, la vérité, la résurrection et la vie...) Jn.8:12, 48; 11:25; 14:6
3. Il est immuable ; il ne peut changer ni être changé. Ja.1:17

II. L'idée du : "Je suis"
Il est incréé et amène toutes choses à l'existence. Ge.1:1; Jn.1: 2

Tout a été créé par Christ et pour Christ. Col.1:16

Tout porte son empreinte. Il met sa signature sur la paume de nos mains et nous interdit de mettre une autre signature ou tatou sur notre corps. Lev.19:28 ; Job.37:7

Il nous a marqué dit-il, de son sceau, car nous sommes sa propriété. 2Cor.1:22; Ep.1:13; 4:30

III. Il se révèle:
1. "Comme un feu, un rocher. Il est la révélation parfaite de Dieu. Ecoutez-le. Ex.3:2; 17:6 à 1Cor.10:4; Mat. 3:17; 17: 5

   Retenez que l'ange de l'Eternel dans l'Ancien Testament c'est Jésus lui-même. **Il se révèle**
   a. **Par ses œuvres.** Ro.1:20; Ps.150:2
   b. **Par sa miséricorde**: Ex.20:6; 34:6
   c. **Par son humanité**: Jn1:14
   d. **Par le Saint-Esprit à notre conscience.** Jn.16: 13; 1Ti.1:19

Conclusion:
Puisque Dieu se révèle en Jésus Christ de manière à être compris, sachez que Celui qui ne change pas vous attend!

Questions

1- Comment Dieu se révèle t'il à Moise?
   Par l'expression : Je suis celui qui suis.

2- Comment Jésus se présente t'il à nous?
   En s'habillant d'une chair semblable à la nôtre

3. Qu'implique l'idée de je suis?
   Dieu est incréé et Il ne change pas.

4. Comment Dieu se révèle t'il à nous?
   Par la Bible, la conscience, la nature et par Jésus-Christ grâce à l'action du Saint Esprit

5- Qui nous conduit dans toute la vérité ?
   Le Saint Esprit

6- Quel est le nom pour Jésus dans l'Ancien Testament?   L'ange de l'Eternel

Leçon 2
Jésus, L'Alpha Et L'Omega

Textes pour la préparation: Ge.1:1, 26; 10; Job.12:10;36:26; Ps.31:16; 46:11; Es.40:26; 45:12; Jer.23:23; Mat.28:18; Lu.18:27; Jn.1:1; 2:25; 3:35; 21:17; Act.1:7; He.4:13; 2Pi.3:10 Ap.1:8
Texte pour la classe: Ap.1:4-8
Texte d'or: Ap.1:8
Méthodes: discours, comparaisons, Questions
But: Présenter Jésus comme Dieu d'éternité

Introduction
Sera t-il difficile de présenter Jésus comme l'Alpha et l'Omega ? Dieu a t'il un commencement?

I- Commencement de Dieu
Il n'en a pas. Il habite dans l'éternité sans fin. Job.36:26

L'Expression " Au commencement Dieu" veut dire « *en principe Dieu est* » pour répéter le théologien *Emile Brunner*. Il existe par lui-même et *est au commencement de tout*:
1. Au commencement des êtres incorporels. Ap.1:8
2. Au commencement du monde. Ge.1:1, 26; Jn.1:1
3. Au commencement des races. Ge.10 :1-32

II- Il est à la fin de tout:
1- La fin du monde. Ap.1:8
2- La fin des planètes. 2Pi.3:10
3- La fin des destinées. Ps.31:16

Le Christ préexistait à Abraham, à Marie, sa mère, parce qu'il est Dieu. Jn.8:58 **Remarquez** : Jésus n'a jamais appelé Marie mère, ni Joseph père.
1. Il ne connaît que Dieu comme son Père.
2. Marie n'est pas l'Alpha et l'Omega.
3. Elle n'était pas là à la création du monde.
4. Elle est une pécheresse qui attendait un sauveur. Lu.1 :47 ; 2 :48-49.
5. Elle est encore dans la tombe attendant la résurrection.

III. Jésus exerce son gouvernement moral sur toutes choses. Jn3:35; Mat.28: 18
1. Sur les animaux. Job 12:10; Jn.10:28
2. Sur les planètes. Es.40:26; 45:12
3. Sur les saisons, les temps, les circonstances. Act.1:7
4. Il a le dernier mot en tout. Ps.46:11

IV. Il a des qualités propres à lui seul:
1. Il est Tout Puissant; l'impossible n'existe pas pour lui. Lu.18:27
2. Il connait tout, même nos plus secrètes pensées: Jn 2:25; .21:17
3. Il voit tout, même l'invisible:
   Ainsi tout ce qu'on veut faire en dehors de Dieu est péché. Je.23:23 ; He.4:13

Conclusion
Mettez-le au commencement de tout, et laissez la conclusion entre ses mains. Il vous emmènera dans l'éternité.

Questions

1. Quand Dieu a-t-il pris naissance ?
   Il n'a pas de commencement

2. Pourquoi dit 'il qu'il fut avant Abraham
   Parce qu'il est Dieu.

3. Comment expliquer son existence avant celle de sa mère ? Il est Dieu.

4. Où est le corps de Marie ?
   Dans la tombe attendant la résurrection

5. Que veut dire: « au commencement Dieu? »
   En principe Dieu existe.

6. Quelles sont les qualités propres à Dieu?
   Il sait tout, Il peut tout et voit tout

7. Qui contrôle les univers? Dieu

Leçon 3
Je Suis Le Bon Berger

Textes pour la préparation: Ex.16:35; 32:32; No.11:6; 20:12; 1R.18:21; 19:4; 2R.2:11;Ps.23; Mt.8:17; Jn.1:12;3: 16; 10:10-11; 14:14; Ro.5: 1; 8:1
Texte pour la classe: Jn.10: 7-14
Texte d'or: Jn.10:11
Méthodes: discours, comparaisons, Questions
But: Présenter Jésus comme le berger par excellence.

Introduction:
En dépit de leurs vertus, tous les bergers avant Jésus avaient échoué. Essayons de les comparer et d'en voir les différences.

I-Moise, le berger d'Israël pendant 40 ans
1. Il le nourrissait de la manne pendant 40 ans. Ex.16:35
2. Il le dirigeait d'après la loi. No.11:6
3. Moise était un bon berger, prêt à mourir pour ce peuple. Ex.32:32
4. Cependant, il a échoué. Nob.20:12

II. Elie, le prince des prophètes
1. Il a été un prophète intransigeant et indépendant. 1Roi 17:1; 10-11.
2. Il blâmait l'idolâtrie du peuple et ne leur manifestait aucune compassion. 1Roi.18:21
3. A la nouvelle que Jézabel le poursuivait, il donna sa démission, laissant le peuple sans directeur spirituelle. 1R.19: 4
4. Dieu le rappela. 2R.2:11

5. Il était néanmoins appelé "le prince des prophètes" à cause de sa grande foi. Il brava toute une nation pendant trois ans et six mois. 1R.17:1; 18:21-22

Cependant, il a exercé un rôle de caporal pour punir et non de berger pour bénir.

III. Jésus le bon berger
1. Il prend grand soin de ses brebis :
2. Il les préserve du mal. Ps.23 ; Jn.10:28; Ro.8:1
3. Il guérit toutes leurs maladies. Mat. 8:17
4. Il met tout à leur disposition. Jn.14:14
5. Il les justifie. Ro.5:1
6. Il les oint par le Saint Esprit.
   Ps.23: 5 ; Jn. 20 :22 ; Ac.2 :1-5
7. Il les discipline. Ps.23: 4 ; Ja.1:12
8. Il leur donne la vie en abondance. Jn.10:10
9. Il donne sa vie elles. Jn.3 : 16; 10: 11
10. Il partagera sa gloire avec elles. Jn.14: 3

Conclusion
Moise, Elie, les sacrificateurs et tous les prophètes étaient des figures, mais le vrai berger, c'est Jésus. Suivons-le.

Questions

1. Pendant combien de temps Moise a t'il dirigé le peuple d'Israël? 40 ans

2. Que donnait-il au peuple? La loi et la manne

3. Qui était-il pour ce peuple? Un bon berger

4. Pouvait-il sauver le peuple? Non

5. Qui était Elie? Le prince des prophètes

6. Pourquoi avait-il ce nom? Parce sans armes aucune, il a sanctionné le roi et toute la nation pendant trois ans et six mois.

7. Quel était son caractère? Rude, indépendant

8. Pourquoi Dieu l'a t'il pris?
Il n'était pas qualifié comme un bon berger

9. Qui est le bon berger ? Jésus

10. Pourquoi? Il donne sa propre vie pour ses brebis.

Leçon 4
Je suis la vie

Textes pour la préparation: Ps.16:11; Mat.4:4; Jn.1:4; 6:56-63; 11:25, 43-44; Ro.8:10; Ep.6:16
Texte pour la classe: Jn.11:21-26
Texte d'or: Jn.11:25
Méthodes: histoires, comparaisons, leçons de choses, Questions
But: Présenter Jésus comme le maître de la vie

Introduction
Une vie sans Dieu n'est pas une vie. Qu'est-elle alors?

I. **Ce qu'elle n'est pas**
 1. La vie n'est pas l'existence: l'existence est un état d'être. L'haïtien le décrit ainsi:"*On est là, on se maintient*' *Nap boule.*
 2. Cette existence a une durée; elle commence et finit dans le temps.
 3. Cette vie appartient à la nature humaine et à tout ce qui existe.

II. **Ce qu'elle est:**
 1. La vie c'est le contraire de la mort.
 2. La mort physique c'est la cessation de la vie terrestre quand le corps redevient poussière.
 3. La mort de l'âme c'est la séparation d'avec Dieu. Là commence son enfer.
 4. La vie c'est l'âme dans la présence de Dieu. Ps.16:11; Jn.1: 4. Cette vie est entretenue par la parole. Jésus est cette parole. En elle était la vie et la vie était la lumière des hommes. Cette parole dit-il, est Esprit et vie.Jn. 6: 63
 5. Jésus distingue l'aliment qui nourrit le corps de celui qui nourrit l'âme. Mat.4:4

6. La Parole augmente notre dimension spirituelle. Jésus le décrit dans Jn.6:56
   a. Quand il demeure en nous, il agit dans tout notre système. Il contrôle nos pensées, nos sens et influence nos actions. Ro.8:10
   b. Quand nous demeurons en lui, en d'autres termes, quand il est pour nous une force enveloppante, notre dimension n'est pas mesurable car il peut atteindre même le cœur de Dieu, renverser des forteresses, vaincre tous les traits enflammés du malin. Ep.6:16

Conclusion

Puisque Jésus est la vie. Si vous n'avez pas Jésus vous n'avez pas la vie, mais la colère de Dieu demeurera sur vous. Faites votre choix, mon ami.

Questions

1- Qu'est ce que l'existence?
Un état d'être, une durée dans le temps

2- Donnez une définition de la vie?
Jésus est la vie

3- Dans la leçon que représente la parole?
Esprit et vie

4- Qui nous communique la vie? Jésus

5- Que fait Jésus en nous?
Il agit dans tout notre système et augmente notre dimension spirituelle.

6- Qu'arrive-t-il à celui qui n'a pas Jésus?
Il n'a pas la vie; la colère de Dieu demeure sur lui

Leçon 5
Je Suis La Résurrection

Textes pour la préparation: 1Roi.17:20-22; Ez. 37:10; Lu.7:12-15; 8:55; Jn.11:25, 43-44; Jn.12:1; 1Cor.15:51-52; 1Th.4:16; Ap. 20:6, 13, 14
Texte pour la classe: Jn.6:48-56
Texte d'or: Jn.6:54
Méthodes: histoire, comparaisons, leçons de choses, questions
But: Montrer le droit exclusif de Jésus sur la vie et la mort.

Introduction
Jésus nous dit qu'il est la vie. C'est une thèse à démontrer. Comment?

I. D'abord par des preuves dans l'Ancien Testament:
1. L'Esprit de Dieu en Elie ressuscite le fils de la veuve de Sarepta. 1R.17:20-22
2. Les ossements dans la vallée reprirent vie par le souffle de l'Esprit. Ez.37:10
   Donc avec Dieu, rien n'est perdu!

II. Puis par des résurrections dans le Nouveau Testament. Exemples :
1. Le fils de la veuve de Naïn. Lu.7:12-15
2. La fille de Jaïrus. Lu.8: 55
3. Lazare, mort, putréfié depuis quatre jours. Jn.11: 25,43-44
   Humainement tout est fini. Jésus attendait la phase de l'impossible pour affirmer sa divine autorité.

C'est un escalier de descente à sens unique : Pourtant, Jésus ressuscite Lazare et le voilà une semaine après qui mange un barbecue chez Marthe, sa sœur. Jn.12:1

C'était une preuve que toutes les fonctions de son corps étaient revenues à la normale.

III- Ensuite par des preuves à l'avènement de Jésus-Christ :

1. Un archange fera retentir une annonce.
2. Jésus lui-même embouchera la trompette pour ressusciter les morts en Christ parce qu'il est la résurrection et la vie.
   1Cor.15: 51-52; 1Th.4:16
   Les chrétiens auront part à la première résurrection Ap.20:6

IV. Enfin par la preuve au jour du jugement dernier.

1. La mer ainsi que la terre rendront les morts qui étaient en elles. Ces morts là auront à recevoir leur sentence, la seconde mort. Ap.20:6, 13
2. Ceux-là participeront à la deuxième résurrection tandis que les chrétiens attendent l'enlèvement de l'église au retour de Jésus-Christ, l'époux de l'église. Ap.20:6,14

Conclusion

Si vous tenez à la vie, choisissez Jésus ; il est la résurrection et la vie.

Questions

1. Donnez une preuve de la résurrection dans l'Ancien Testament? La vallée des ossements

2. Donnez en un durant le ministère de Jésus Christ? La résurrection de Lazare

3. Pourquoi Jésus retardait il sa visite Lazare? Pour prouver qu'il est la résurrection et la vie

4. Qui va ressusciter les morts **en** Christ à l'enlèvement de l'église?   Jésus

5. Qui va ressusciter les morts **sans** Christ au dernier jour? Jésus

Leçon 6
Je Suis La Porte

Textes pour la préparation: Mat.7 :13 ; Jn.10 :28; 14 :6 ; 17 :3 ; Act.4 :12 ; 1Cor.1 :20-21 ; Ep.2 :8-10
Texte pour la classe: Jn.10 :1-9
Texte d'or: Jn.10 :9
Méthodes: Discours, comparaisons, questions
But: Présenter Jésus comme la seule voie d'accès au ciel.

Introduction
"Je suis la porte" Quel orientalisme pour esquisser une présentation! Comment décrire cette porte?

I- **La bergerie dans les temps bibliques.**
   1. Les maisons étaient conçues avec plusieurs chambres, mais avec une seule porte d'accès à l'extérieur.
   2. Seul le berger exerce le contrôle des entrées et sorties d'où l'expression orientale "entrer et sortir" pour signifier gouverner, diriger.
   3. Le berger fait le décompte des brebis matin et soir.
   4. La porte symbolise la sécurité. Elle est fermée seulement de l'intérieur avec une fermeture en bois.

II. **La porte dans le contexte du Nouveau Testament**
   1. Jésus dit : Je suis la porte; si quelqu'un entre par moi, il sera sauvé. Il aura complète hospitalité.

2. Il existait aussi d'autres portes qui ne sauvent pas. Nous citons :
   a. La porte de la loi de Moise
   b. La porte de la religion.
   c. La porte des bonnes œuvres. Ep.2 :9
   d. La porte de la connaissance. 1Cor.1 :20-21
3. Jésus est la vraie porte: Jn.10 :9
   a. Quand il ouvre personne ne peut fermer et vice-versa. Ap.3 :7
   b. Lui seul donne accès au Père, au ciel. Jn.14:6
   c. Nous sommes sauvés pour avoir passé par la porte mais non par notre bonté, ou notre propre justice. Ep.2 :8

III. **Qualités de cette porte**
1. Elle est étroite.   Mat.7:13
2. C'est la porte de la vie éternelle. Ap.4 :1
3. C'est la porte de la grâce Act.4:12
4. C'est la porte de la complète sécurité. Jn.10:7 ; Ro.8 :1

Conclusion
Renoncez à toutes autres portes. Jésus est la porte de la grâce encore ouverte pour vous. Dépéchez-vous !

Questions

1. Expliquez la porte dans les pays bibliques.
   Seule voie d'accès vers l'intérieur

2. Qui a droit d'ouvrir et de fermer?
   Le berger, le père de famille

3. Que veut dire "entrer et sortir dans le langage oriental? Gouverner, diriger

4. Que dit Jésus de lui-même? Je suis la porte

5. Que veut dire hospitalité pour l'oriental?
   Sécurité, soin, entretien

6. Citez des portes qui ne sauvent pas.
   La religion, les bonnes œuvres, la science

7. Citez 3 attributs de Jésus comme la porte.
   La sécurité, la vie, la grâce.

Leçon 7
Je suis le chemin

Textes pour la préparation: Ps.49:13; Eccl.1:18; Jn.3:13; 14:6; Ep.2:9
Texte pour la classe: Jn.14:1-6
Texte d'or: Jn.14:6
Méthodes: histoire, comparaisons, Questions
But: Présenter Jésus-Christ comme le seul chemin qui mène à Dieu

Introduction
Si la porte est une voie d'accès pour une maison, le chemin est une voie d'accès vers un lieu. Jésus revendique les deux. N'y a t-il pas d'autres chemins?

I- Voyons les chemins en général
Ils ont été tous tracés par quelqu'un. Celui-là doit en connaitre le commencement et la fin.

II- Les bons chemins
1. **La science**: elle permet à l'homme d'interpréter la nature et de l'adapter à ses besoins. Mais elle ne le rend pas plus heureux. Elle a aussi des limites et elle apporte beaucoup de chagrin à l'homme. Eccl.1: 18
2. **La religion**: elle permet à l'homme de rendre un culte à Dieu. Cet effort part d'en bas, mais le salut vient d'en haut. Jn.3:13
3. **Les bonnes œuvres**: Elles peuvent nous rendre populaire mais aussi engendrer de l'orgueil chez nous et de la jalousie chez autrui. Ep.2:9

4. **Le pouvoir.** Il permet à l'homme d'être en position d'autorité et de recevoir des honneurs. A la fin, les mêmes hommes peuvent vous nuire ou vous détruire. Ps.49 :13, 21

III. Jésus dit: Je suis le chemin
1. Il déclare: Nul ne vient au Père que par lui.
2. C'est lui notre souverain pontife, le pont entre nous et Dieu le Père. Jn.14:6
3. Le service d''immigration céleste ne connait ni Marie, ni un pape comme intermédiaires.

Conclusion
Quelque soit le nom que vous voulez donner à Jésus, acceptez-le comme votre Sauveur. Il est le seul chemin.

Questions

1. Que représente un chemin?
   Une voie d'accès à un lieu

2. Citez des chemins que vous connaissez.
   La religion, la science, la renommée, le pouvoir

3. Citez des chemins qui ne mènent pas au ciel
   Le Pape, Marie, l'Internet, la drogue

4. Qui est le vrai chemin? Jésus

5. Comment y parvenir?
   Il faut l'accepter comme son sauveur.

6. Quel est le rôle du Saint Esprit dans le salut du croyant? Le conduire dans toute la vérité.

Leçon 8
Je suis La Vérité

Textes pour la préparation: Gen.1: 1; 3:21; 17:1; Job.36:26; Ps.103:3; 139:4; Es.9:5; Mat.15:19; 19:6;20: 1-5;   Lu.5:24; Jn.1: 1; 2:25; 3:16; 8:36; 13:35;14: 6; 15: 5; 17:7; 1Jn.5:20
Texte pour la classe: Jn.8: 29-36
Texte d'or: Jn. 8 :36
Méthodes: histoire, comparaisons, Questions
But: Présenter Jésus comme le seul **vrai Dieu** qui mène **à Dieu.**

Introduction
Jésus se présente comme la vérité absolue. Comment la définir ?

I- C'est l'essence même de Dieu prouvée par la Bible :
1. **Comparons-les:**
    a. l'Eternel est Dieu, Jésus l'est aussi.
    b. **Comme** Dieu il est Créateur de toutes choses. Ge.1:1 ; Jn.1: 1
    c. Comme Dieu il est le Sauveur du monde. Ge.3:21 ; Jn.3:16
    d. Comme Dieu il est Père éternel. De.6:4 Es.9:5
    e. Comme Dieu il est Tout Puissant. Ge.17:1; Es. 9:5
    f. Comme Dieu, il est immortel. Job.36:26 ; 1Ti.6:16
    g. Comme Dieu, il pardonne les péchés Ps.103:3 ; Lu.5: 24
    h. Comme Dieu, il connait les pensées des cœurs. Ps.139:4 ; Jn.2:25

    i. Comme Dieu, il est le seul vrai Dieu
    j. Ps. 46:11; Jn.17:1 ; 1Jn.5 :20

Sans Jésus comme la vérité, Dieu demeure incompréhensible et inaccessible. Il est donc la révélation parfaite de Dieu.

II. Satan est par contre le père du mensonge :
    Il ne se tient pas dans la vérité. Jn.8:44
    Venons avec des exemples:
1. Jésus vient avec le mariage, Satan vient avec l'adultère, le divorce   Mat.19:6
2. Jésus vient avec le travail pour le succès; Satan vient avec le vol et le crime. Mat.20:1-15 ; 15 :19
3. Jésus vient avec l'amour, et le pardon. Satan exige la haine et la vengeance.
    Ge.4 :8 ; Jn.13:35; Mat.15:19
4. Jésus vient avec la vie. Jn.5 :39   Satan vient avec la mort. Ro.6 :23

Conclusion
Nier Jésus comme la vérité qui sauve c'est prendre son visa pour l'enfer. Venez plutôt prendre le visa du salut en Jésus, la vérité à la croix du Calvaire.

Questions

1- Citez 5 noms ou qualifications de Dieu attribués à Jésus.
   Créateur, sauveur, Père Eternel, Dieu Puissant, Dieu véritable.

2- Que fait la vérité pour le pécheur ?
   Elle le purifie, le délivre du péché.

3- Quel est dans la leçon le nom pour Satan
   Le père du mensonge.

4- Si Jésus vient avec le mariage, que recommande Satan? Le divorce.

5- Qu'est ce qui vous attend si vous niez Jésus comme la vérité? L'enfer

Leçon 9
Je suis Le Fils

Textes pour la préparation: Mat.12:40; 16:3, 16-17; 19:28; 20:18; 24:30; 26:2, 63-64; Mc.14: 62; 16:17-18 ; Lu.5:24; 19:10; Jn.3:16-19; 4:24; 8:36; 14:3; Ro.1:4; 1Co.15:45-47; Col.2:9; Ph.2:9-11
Texte pour la classe: Ro.1: 1-5
Texte d'or: 1Jn.5:20
Méthodes: histoire, comparaisons, questions
But: Présenter Jésus comme Dieu sous le titre de Fils de Dieu.

Introduction
Pourquoi Jésus est-il appelé "Fils de Dieu"?

I- Interprétation naturelle.
On l'appelle Fils de l'homme:
1. Il s'appelle ainsi 78 fois dans le Nouveau Testament pour s'identifier à notre humanité, lui, le second Adam.
   Mat.24:30; Mc.14:62 ; 1Co. 15 :45
2. Le Christ est incréé comme son Père. Ainsi Marie est mère du Jésus homme et non du Christ venu du Père. *La parole s'est faite chair mais elle n'est pas chair dans son essence. Jn.1: 14*
3. Jésus est donc la représentation visible du Dieu invisible.   Col.1:15

II. Interprétation spirituelle:
1. Il est parfaitement homme et parfaitement Dieu. Col.2:9
2. Il revendique tous les attributs de la divinité. Lu.5:24

3. Il est le second Adam venu du ciel. 1Cor.15:45,47
4. Le Fils de Dieu et le Fils de l'homme sont une seule et même personne. Mat.26:63-64; 16:13, 16-17

III. Sa mission.
1. Chercher et sauver ce qui était perdu Lu.19:10.
2. Mourir à notre place sur le bois du calvaire Mat.12:40; 20:18; 26:2
3. Nous libérer des chaînes de Satan. Jn.8:36
4. Ouvrir les yeux des aveugles. Lu.4:18
5. Guérir les cœurs brisés. Lu.4:18
6. Nous investir de pouvoir qui vient d'en haut: Mc. 16:17-18
7. Juger les rebelles quand il viendra dans sa gloire. Jn.3:16-19; Mat.19:28
8. Partager sa gloire avec les chrétiens Jn.14:3

IV. Résultat : Sa glorification.
1- Christ sera couronné de gloire comme Seigneur et Roi. Jn.17:1.
2- Ainsi toutes les puissances dans le ciel et sur la terre doivent fléchir devant lui. Phil.2: 9-11

Conclusion
Puisque Jésus a traversé les cieux pour venir et sauver l'humanité, choisissez aujourd'hui de devenir fils de Dieu pour avoir droit de vous asseoir à ses cotés dans l'éternité. He.4:14

Questions

1. Pourquoi s'appelle-t-il fils de l'homme?
   Parce qu'il s'est revêtu de notre humanité. C'est son titre messianique.

2. Que veut dire Fils de Dieu?
   Il vient directement du Père

3. Quelle est sa mission en tant que Fils de l'homme?
   Sauver les perdus

4. D'ou vient Jésus? Du ciel

5. Quel nom prend-il par rapport à Adam ?
   Le second Adam

6. Quelle est sa position? Il est au-dessus de tous

Leçon 10
Je suis Roi

Textes pour la préparation: Es.9:5; 43: 14 ; Mi.5:1; Mat.2:11;Lu.1:32; Jn.1:35; 11:25; 17:1;8:36; Ac.2:36; Col.1:16; He.10:31; 1Pi.1:25; Ap.5:13; 21:18, 21
Texte pour la classe: Col.1:15-19
Texte d'or: Col.1:16
Méthodes: histoire, comparaisons, questions, vidéo
But: Présenter Jésus comme roi des rois et Seigneur des seigneurs

Introduction
Dire de Jésus qu'il est roi c'est peu dire. La Bible en dit davantage.

I- D'abord, quels sont les privilèges d'un roi ?
1. Jésus est de la lignée du roi David. Comme roi il doit être annoncé et présenté.
   Es.9:5; Mi.5:1; Lu.1:32
2. Il est souverain et doit être couronné de gloire Jn.17: 1 ; Ap.5:13
3. Ses biens sont en or. Mat.2: 11; Ap.21:18, 21
4. Il peut disposer du royaume à son gré. Lu.22 :29
5. Il a de nombreux serviteurs. (anges, apôtres, chrétiens) Mat. 4:11; Jn.12:26 ; 18 :36
6. Tandis que les prophètes disent: "*Ainsi parle l'Eternel*, Jésus seul peut dire "*Je suis*" parlant de lui-même. « *Mais moi, je vous dis.* » Es.43:14Mat.5: 22, 28, 32
7. Il est proclamé Seigneur et Christ, donc Roi, Messie ou Sauveur. Act.2:36

II- **Son pouvoir**:
1. Il est la résurrection et la vie *c'est le droit divin du roi* Jn.11 :25 ; Col.1:16
2. Il n'a jamais dit " S'il vous plait" ni merci à personne, car tout a été créé par lui et pour lui. Col.1:16

III-**Caractéristiques du roi.**
1. Nul ne peut lui résister. Mat.8:27 ; Lu.10: 18
2. Il nous donne tout en abondance. Jn.10 :10
3. De plus, il nous laisse son nom comme une carte de crédit illimitée. Jn 14 :14
4. Contrairement aux autres rois, son règne est éternel et il reviendra. Act.1 :11 ; 1Pi.1:25

Conclusion
Adorons-le, louons-le et servons-le toujours!

Questions

1- Quelle est la position du roi?
   Il est au dessus de tous.
2- Citez 4 privilèges du roi?
   Il est couronné, glorifié. Ses biens sont en or. Il est au-dessus de tous.
3- Citez deux grands pouvoirs du roi.
   Il a le droit divin. Tout lui appartient même la vie de ses sujets.
4- Pourquoi la Bible dit- elle que Jésus est Roi des rois?
   Parce que son règne est éternel.
5- Citez 2 caractéristiques du roi :Il est grand et généreux.
6. Quelle est la limite des rois? Ils meurent.
7. Quelle est la limite de Jésus? Il n'en a pas.

Leçon 11
Je suis La Lumière Du Monde

Textes pour la préparation: Ex.3:2,5; Lu.24:32; Jn.1:9-13; 3: 10; 8: 8,9, 12; 12:35-36; Act. 5:40-42; 16:23-25; 2Th.2:8; Heb.4:13; 12:29; 1Ti.6:16; Ja.1:17; 1Jn.1:5; 2:6-29

Texte pour la classe: Jn.8:1-12

Texte d'or: Jn.8:12

Méthodes: histoire, comparaisons, Questions, vidéo, leçons de choses

But: Présenter Jésus dans ses actions bienfaisantes comme lumière du monde.

Introduction

Je suis la lumière du monde. Est-une une thèse difficile à démontrer ?

I- **Dieu est lumière.** 1Jn.1:5
  1. Dans son essence, il est pur et glorieux.
  2. Dans son action, Il est nommé « Père des lumières ». Jn.1:9-13; 1Ti.6:16; Ja .1:17
     Jésus s'appelle « lumière du monde et il éclaire tout homme ». Jn.8:12; Heb.4:13
     a. Cette lumière dénonce l'ignorance du juriste Nicodème. Jn.3: 10
     b. Elle accuse la mauvaise conscience des accusateurs de la femme adultère. Jn.8: 8-9, 12
     c. Elle nous préserve de la chute. Jn.12: 35, 46.
     b. Elle écrasera Satan le Diable. 2Th.2:8

II- Comparaisons entre Dieu et Jésus comme lumière:

1. Dieu dit à Moise: Nul ne peut voir ma face et vivre. *Tu me verras par derrière.*
   Jésus dit: (*celui qui me voit par derrière, ne marchera pas dans les ténèbres.*)
   Ex.33: 18-23; .Jn.8:12; 1Ti.6:16
2. Dieu s'enveloppe de lumière comme d'un manteau Ps.104:2; Ja.1:17
   Jésus habite une lumière inaccessible que nul ne peut voir. 1Ti.6:16
3. Dieu défendit à Moise de s'approcher du buisson ardent. Ex.3: 2,5
   Jésus brûlait le cœur des disciples d'Emmaüs avec la parole. Il est « un feu dévorant".
   Lu. 24: 32; He.12:29

III- Le chrétien comme lumière:

1. Il reflète Christ.
   a. Par la pratique de la justice. 1Jn. 1:5; 2:6
   b. Par l'amour fraternel et la haine du monde. 1Jn.2:7-17
   c. Par la foi en Jésus-Christ. 1Jn.2: 26-27
2. Cette lumière le remplit de joie et de courage dans les temps difficiles.
   Act.5: 40-42; 16: 23-25

Conclusion

La lumière est le nom du Père, du Fils et du Saint-Esprit. Vivez dans la lumière !

Questions

1- Quelles sont les vertus de la lumière?
   Elle nous éclaire et nous pénètre.

2- Donnez un exemple pour Dieu et pour Jésus comme lumière. Le buisson ardent

3- Qui est éclairé par la lumière? Tout homme

4- Qui est pénétré par la lumière? Les chrétiens

5- Comment démontrer cette lumière en eux?
   Par la justice, l'amour, la foi

6- Que fait la lumière du Saint-Esprit en nous?
   Elle nous donne le courage, la joie en tout temps.

Leçon 12
Je suis L'amour

Textes pour le moniteur: Ps.82:6; Jer.23:23; Mat.18:20; Lu.19:10; Jn.1:29,35; 3:16; 10:24. ; Ro.5:8; 1Cor.15:45-49; Phil.4:6 1Jn.3:2
Texte pour la classe: 1Jn.4:7-16
Texte d'or: 1Jn.4:8
Méthodes : histoire, comparaisons, Questions
But: Présenter Jésus comme l'amour absolu.

Introduction
Comment aimer si on ne connaît pas Dieu? Dieu est amour. L'univers entier le déclare!

La Nature l'exprime:
I. Par sa prescience: Avant de créer l'homme, il a tout prévu pour lui. La nourriture, l'essence pour ses machines, les métaux pour ses inventions et cela depuis 4 billions d'années.
   1. Il lui donne le langage pour s'exprimer de diverses manières.
   2. Avec 26 lettres et 10 chiffres l'homme bâtit la terre, visite d'autres planètes et conserve des données pendant des siècles.
   3. Dieu a fait de nous des dieux.
      Ps.82:6; Jn.10:34
      Aucun animal intelligent, qu'il soit singe ou chien, ne pourra jamais évoluer dans ce sens. La théorie de l'évolution ne peut tenir debout.

II- **Par sa présence**:
   1. Dieu est partout dans un univers qu'il contrôle. Jer.23:23

2. Il est sensible à l'appel de son nom. Mat.18:20
   3. Il intervient dans tous les détails de notre vie si nous l'invoquons. Mat.28:20; Phil.4: 6

III **Par son œuvre de rédemption**
   1. Il a fait tous les frais pour restaurer l'homme. Lu.19:10
   2. Le péché, un mal universel est maintenant guéri par un remède universel: le sang de Jésus. Il peut laver le péché de toutes les races. Jn.1:29, 35
   3. Le paradis perdu en Adam est retrouvé en Jésus, le second Adam 1Cor.15: 45-49

Conclusion: Venez au Dieu d'amour qui a brisé vos chaînes!

Questions

1. Comment Dieu prouve t-il son amour dans la nature?
   Il a tout prévu d'avance pour le bien de l'homme.

2. Comment le prouve-t-il par sa présence?
   Il contrôle tout. Il intervient en tout.

3. Qu'est-ce-que le diable a fait pour nous séparer de Dieu ? Il cherche à nous séduire

4. Qu'est-ce-que Dieu a fait pour réparer la faute d'Adam? Il envoie Jésus pour nous sauver

5. Que faut-il pour réparer un mal universel ?
   Il faut un remède universel.

6. Quel est ce remède ? Le sang de Jésus-Christ

Récapitulation Des Versets

Leçons - Sujets - Versets

1. Je suis   Jn.1 :1
Au commencement était la parole et la parole était avec Dieu et la parole était Dieu.

2. Je suis l'Alpha et l'Omega   Ap.1:8
Je suis l'alpha et l'oméga, dit le Seigneur Dieu, celui qui est, qui était et qui vient, le Tout Puissant.

3. Je suis le bon berger   Jn.10:11
Je suis le Bon berger. Le Bon berger donne sa vie pour ses brebis.

4. Je suis la vie   Jn.11:25
Jésus lui dit : Je suis la résurrection et la vie. Celui qui croit en moi vivra, même s'il meurt.

5. Je suis la résurrection et la vie   Jn.6 :54
Celui qui mange ma chair et qui boit mon sang a la vie éternelle; et je le ressusciterai au dernier jour.

6. Je suis la porte   Jn.10:9
Je suis la porte. Si quelqu'un entre par moi, il sera sauvé. Il entrera et il sortira, et il trouvera des pâturages.

7. Je suis le chemin   Jn.14:6
Je suis le chemin, la vérité et la vie. Nul ne vient au Père que par moi.

8. Je suis la vérité   Jn.8:36
Si donc le Fils vous affranchit, vous serez réellement libres.

9. Je suis le Fils   1Jn.5:20
Nous savons que le Fils de Dieu est venu, et qu'il nous a donné l'intelligence pour connaitre le Véritable, et nous sommes dans le Véritable en son Fils Jésus-Christ. C'est lui le Dieu véritable et la vie éternelle.

10. Je suis Roi   Col.1:16
Car en lui ont été créées toutes les choses qui sont dans les cieux et sur la terre, les visibles et les invisibles, trônes, dignités, dominations, autorités. Tout a été créé par lui et pour lui.

11. Je suis la lumière du monde   Jn.8:12
Jésus leur parla de nouveau et dit : Je suis la lumière du monde. Celui qui me suit ne marchera point dans les ténèbres; mais il aura la lumière de la vie.

12. Je suis l'amour   1Jn.4:8
Celui qui n'aime pas n'a pas connu Dieu car Dieu est amour.

Glossaire

Acception:	Sens particulier dans lequel un mot est employé.
Adage:	Maxime ancienne et populaire emprunté au droit coutumier ou écrit (Ex. nul n'est censé ignoré la loi)
AFDC:	Aid to Families with Dependent Children, and the job…
Ambigu:	Dont le sens est équivoque, difficile á cerner.
Apocalyptique:	qui est lié au catastrophe, épouvantable, fin du monde.
Armistice:	Suspension d'armes pour peu de temps
Astrologie:	Art divinatoire fondé sur l'observation des astres à déterminer leur influence présumé sur les événements terrestres, sur la destiné des hommes
Attester:	certifier la vérité ou l'authenticité de…
Combatif :	Qui aime le combat, la lutte, la compétition
Commisération:	pitié
Compas:	(musique haïtienne)
Concession:	abandon d'un avantage, d'un droit, d'une prétention.

Connotation:	Valeur que prend une chose en plus de sa signification première.
Déchoucage:	Extirper, arracher avec la racine, abolir
Dévergondé:	Débauché
Différend:	Désaccord, conflit
Discernement:	Faculté de juger, et d'apprécier avec justesse
Duplicata:	Double copie d'un document
Eclipse:	disparition temporaire complète ou partielle d'un astre due á son passage d'un ombre ou la pénombre d'un autre.
Effusion:	Manifestation vive et sincère de sentiment qu'on éprouve
Empire davidique:	Règne de David
Empreinte:	Marque encreux ou en relief obtenue par pression; fig.: marque durable, profonde
Enjoindre:	Ordonner, mettre en demeure.
Entité:	Essence d'un être
Épopée:	Suite d'actions réelles mais extraordinaires ou héroïques.
Eschatologie:	Ensemble de doctrines et de croyances portant sur le sort ultime de l'homme.
Etalon:	Objet ou instrument qui matérialise une unité de mesure et sert de référence de model légal.

Exploit:	Coup d'éclat, action mémorable
Farder:	Mettre du fard sur; cacher ce qui peut déplaire
Fieffé :	Qui a atteint le dernier degré d'un défaut d'un vice (fieffé menteur)
Formalisme:	Respect scrupuleux des formes, des formalités
Gendre:	Beau-fils
Gladiateur:	(Antiquité Romaine) homme qui dans les jeux du cirque combattait contre un autre homme ou une bête féroce.
Handicap:	Désavantage quelconque, infirmité
Homosexuel:	Qui éprouve une attirance sexuelle pour les personnes de son sexe.
Immatériel:	Qui n'a pas de consistance corporelle.
Impartial:	Qui n'exprime aucun parti pris.
.Incidence:	Répercutions, effet
Intransigeant:	Qui ne fait aucune concession, qui n'admet aucun compromis.
Investiture:	Acte par lequel un parti politique désigne son ou ses candidats pour une élection.
Irréligion:	Absence de conviction religieuse.
Jalonner:	Déterminer, matérialiser un parcours, une direction, un sur un terrain.

Lesbienne:	Femme homosexuelle
Major-jonc:	(créole) Leader principal des menées politiques
Opprimer:	Soumettre à une autorité répressive, écraser sous la tyrannie.
Outre-tombe:	D'au delà de tombe, de la mort.
Parjure:	Faux serment
Pervers:	Méchant, cruel
Psychosomatique:	Se dit d'un trouble organique ou fonctionnel d'origine psychique
Push-button:	bouton pour faire agir un circuit électrique (dans notre texte la foi push button: une foi superficielle.)
Récipiendaire:	Personne que l'on reçoit dans une compagnie avec un certain cérémonial, personne qui reçoit un diplôme universitaire
Réunion au sommet:	referendum
Sodome:	Versant Nord de la Mer Morte.
SSD:	Social Security Determination
SSI:	Supplemental Security Income
Successeur :	Personne qui prend la suite d'une autre dans un état, une profession ou dans ses droits ou obligations.
Tsunami:	raz de marée
Vindicatif:	Qui manifeste un désir de vengeance

Table des matières

Série 1   Le Retour De Jesus-Christ 1
Leçon 1   - Jésus Et La Promesse De Son Retour 5
Leçon 2   - L'Etablissement De L'Eglise 8
Leçon 3   - L'église Et Les Effets Des Persécutions 11
Leçon 4   - Les Signes De Son Retour Manifestés
             Dans Le Monde 15
Leçon 5   - Les Signes De Son Retour Dans l'Eglise 18
Leçon 6   - Les Guerres Mondiales Et Le
             Rassemblement D'Israël 21
Leçon 7   - Les Signes Des Temps Exprimés Dans
             Le Monde Cosmique 24
Leçon 8   - L'Antéchrist 26
Leçon 9   - Monsieur 666 29
Leçon 10 - L'Enlèvement De L'Eglise 32
Leçon 11 - Le Millenium 35
Leçon 12 - L'Eternité 38
Récapitulation des versets 41

Série 2 Les Impératifs De La Vie Chrétienne 44
Leçon 1   - Tu Ne Tueras Point 46
Leçon 3   - Tu Ne Parjureras Point 52
Leçon 4   - Aimez Vos Ennemis 55
Leçon 5   - Cessez D'être Un Religieux Hypocrite 58
Leçon 6   - Un Modèle De Prière 61
Leçon 7   - Le Vrai Jeûne 64
Leçon 8   - Les Vraies Richesses 67
Leçon 10 - Condamnations Des Faux Jugements 72
Leçon 11 - Conditions D'Exaucement Aux Prières 75
Leçon 12 - Les Deux Chemins 78
Récapitulation des versets 81

Série 3 Des Gens Comme Vous Et Moi 86
Leçon 1 - Abraham, Le Premier Juif 86
Leçon 2 - Job, Le Champion De La Souffrance 89
Leçon 3 - Lot, Le Rescapé De Sodome 92
Leçon 4 - Jacob, Le Trompeur 95
Leçon 5 - Moise, Un Visionnaire 98
Leçon 6 - Josué, Serviteur De Moise 101
Leçon 7 - Gédéon, Un Jeune Consacré 104
Leçon 8 - David, Un Roi Humble 106
Leçon 9 - Elie, Un Homme De Foi Extraordinaire 109
Leçon 10 - Elisée, Un Prophète D'une Foi
             Exceptionnelle 112
Leçon 11 - Elisée Ou Elie Multiplié Par Deux 115
Leçon 12 - Esther, Une Femme Comme Les Autres ... 118
Récapitulation des versets 121

Série 4 Vous Adorez Ce Que Vous Ne Connaissez Pas
Leçon 1 - Je suis 126
Leçon 2 - Jésus, L'Alpha Et L'Omega 129
Leçon 3 - Je Suis Le Bon Berger 132
Leçon 4 - Je suis la vie 135
Leçon 5 - Je Suis La Résurrection 138
Leçon 6 - Je Suis La Porte 141
Leçon 7 - Je suis le chemin 144
Leçon 8 - Je suis La Vérité 146
Leçon 9 - Je suis Le Fils 149
Leçon 10 - Je suis Roi 152
Leçon 11 - Je suis La Lumière Du Monde 154
Leçon 12 - Je suis L'amour 157

Ouvrages consultés :

Apocalypse   David, C Pak
Bible, Louis Sgond
Enfants de ce siècle Daniel Duc
Journaux
Notes
Retour de Jesus-Christ, René, Pache

Rev. Renaut Pierre-Louis

Esquisse Biographique

Pasteur de l'Eglise Baptiste à Saint Raphael	1969
Diplômé du Séminaire théologique Baptiste d'Haïti	1970
Diplômé de l'Ecole de Commerce Julien Craan	1972
Professeur de langues vivantes au Collège Pratique du Nord au Cap-Haitien,	1972
Pasteur de la Première Eglise Baptiste au Cap-Haitien	1972
Pasteur de l'Eglise Baptiste Redford, Cité Sainte Philomène	1976
Diplômé de l'Ecole de Droit du Cap-Haitien	1979
Fondateur du Collège Redford et de l'Ecole Professionnelle ESVOTEC	1980
Pasteur de l'Eglise Baptiste Emmaüs à Fort Lauderdale	1994
Pasteur de l'Eglise Baptiste Péniel à Fort Lauderdale	1996

Pasteur militant pendant quarante-six ans, avocat, poète, écrivain, dramaturge, ce serviteur du Seigneur vous revient aujourd'hui avec **"La Torche Mouvante"**, un ouvrage didactique de haute portée théologique qui a déjà révolutionné le système d'enseignement dans nos Écoles Du Dimanche, et dans la présentation du message de l'Evangile.

"La Torche Mouvante" vous est aussi présentée en livret trimestriel sans nous écarter de notre promesse de vous enrichir avec douze volumes empreints de variété et de profondeur.

Pasteurs de recherche, prédicateurs de réveil, moniteurs de carrière, chrétiens éveillés, prenez "La Torche" et passez-la.
2 Tim. 2:2

www.ingramcontent.com/pod-product-compliance
Lightning Source LLC
Chambersburg PA
CBHW071625080526
44588CB00010B/1276